대자유인 선사

바위 밑 샘물 흐르는 소리에 옷 젖는 일 없다

대자유인 선사

김형중 외 지음

조계종
출판사

차 례

제1장 중국의 선사들

제3장 조선·근세 선지식

대자유인 선사

제1장 중국의 선사들

어느 젊은 스님이 조주선사를 찾아와서 물었다.
"개에게도 부처님의 성품이 있습니까?"
조주선사는 내뱉듯 대답했다.
"없다〔無〕."

— 조주대사 —

달마대사

보리달마(菩提達磨 : ?~528)는 중국 선종(禪宗)의 제 1조이다. 남인도 향지국의 왕자로 태어나 출가하였고 반야다라(般若多羅)의 제자가 되어 석가모니 부처님으로부터 정통으로 불법을 전해 받은 28대 조사이다.

달마대사가 중국으로 건너온 시기는 남북조(南北朝) 시대인데, 바닷길로 인도에서 광동성 광주(廣州)를 거쳐, 남경(南京)에 이르러 양(梁)의 무제(武帝)를 만났다. 그러나 달마대사와 양무제는 서로 주장하는 불법의 수준이 맞지 않았다. 그래서 달마대사는 양자강을 건너 북위(北魏) 숭산(崇山) 소림사(少林寺)에서 9년 동안 벽만 바라보며 좌선을 하였다.

달마대사가 주장하는 새로운 불교의 내용은 사람의 마음은 본래가 청정하다는 사실을 깨달아야 한다는 것인데, 마음을 집중함으로써 번뇌가 마음 속으로 들어오지 못하도록 벽(壁)과 같이 하여, 여러 망상을 쉬고 심신(心身)을 수행하여 자신의 청정한 본심을 보는 수행법이다.

달마대사가 A.D. 520년 양 무제를 만나 나눈 대화 내용은 유명한 이야기로 전해오고 있다.

양 무제는 절도 많이 짓고, 불상도 만들고 승려를 많이 육성한 불심이 돈독한 황제였다. 자신의 불심과 불사(佛事)의 공덕을 칭찬받고 싶은 양 무제는 자신의 선행과 불사가 얼마만큼의 공덕이 있는지 달마대사에게 물었다. 그런데 그의 기대와는 상반되게 달마대사는 "그런 불사는 전혀 공덕이 될 수 없습니다. 무공덕(無功德)입니다." 하고 말했다. 달마대사가 중국에 온 뜻은 절을 짓고 불공을 올리는 것을 가르치러 온 것이 아니었다. 스스로 자신의 마음속에 있는 불성을 깨달아서 부처님이 되는 대승불교(大乘佛敎)를 전하러 왔기 때문에 양 무제와는 뜻이 맞지 않았다. 진정한 공덕은 깨달음인 것이다.

달마대사가 중국 땅에 온 이유는 스스로 마음을 깨달아서 단번에 부처님이 될 수 있는 돈오(頓悟) 선법(禪法)을 가르쳐 주기 위함이다. 이후 달마대사는 단번에 부처님이 될 수 있는 수행인 참선을 중시하는 선종의 씨를 뿌린 스님이다. 그의 선 사상을 알 수 있는 귀중한 서적이 바로 달마어록이라고 전해지는 『이입사행론(二入四行論)』이다.

부처님이 되는 방법에는 두 가지가 있으니 그 하나는 "진리의 깨달음을 통한 방법(理入)"이며, 또 하나는 "수행을 통한 방법(行入)"이 있다.

수행을 통해 깨달음의 세계로 가기 위해 구체적인 네 가지 실천행이 있으니,

보원행은 남으로부터 고통을 당할 때는 자신이 전생에 저지른 원한 때문에 생긴 일이니 상대방을 원망하지 않고 수용하는 자세이다.

수연행은 모든 일이 인연 따라 생기는 것이므로 성공이나 실패에 대하여 인연에 맡기고 따르는 일이다.

무소구행은 공(空)의 이치를 깨달아 사물을 탐내지 않는 행위이다.

칭법행은 진리의 법대로 살아가는 실천행이다. 모든 중생의 본래 성품이 청정하다는 것을 믿고 육바라밀을 실천하는 수행법이다.

―『이입사행론』

혜가대사

"큰스님, 저의 머릿속에 번뇌가 가득하여 마음이 편안치가 못하니,
제 마음을 편안하게 해 주십시오."
너의 불안한 마음을 가져오너라. 그러면 네 마음을 편안케 해 주리라."
혜가 스님은 오랫동안 생각을 하다가 말했다.
"아무리 찾아도 그 마음을 찾을 수가 없습니다."
달마대사는 말했다.
나는 이미 너의 마음을 편안케 해 주었다. 본래 마음이란 실체가 없다. 불안한 마음은 실체가 없으
므로 역시 네 마음속에 그런 것은 본래부터 없다. 네가 스스로 만들어 낸 번뇌 망상이니라. 번뇌
망상은 네 마음속에 나타났다 사라졌다 하는 실체가 없는 파도와 같은 것이니라. 그러니 불안한
마음의 속박으로부터 벗어나라."
— 안심법문(安心法門)

혜가(慧可 : 487~593)대사는 달마대사의 선법을 이어받은 중국
선종의 제 2대 조사로서 위진남북조 시기의 스님이다.

일찍이 노자와 장자의 사상과 불교 경전을 공부하고, 낙양 용문
(龍門)의 향산사(香山寺)에서 보정(寶靜) 스님의 제자가 되어 출가
하였다. 북위(北魏)의 정광(正光) 원년(520)인 40세때 숭산 소림사
에서 9년 동안 벽만 바라보며 참선하고 있던 달마대사를 찾아가서
제자가 되었다.

달마대사의 불법이 당시 세상 사람들이 추구하던 불교와는 달리 마음을 고요하게 하여 스스로 마음의 정체를 깨달아 부처님이 되는 가르침을 편다는 소문을 듣고 소림사로 찾아가, 그곳에 머물면서 아침저녁으로 달마대사를 정성으로 공양하였으나, 달마대사는 벽만 바라보고 단정히 앉아서 그와 말을 하지 않았다.

스님은 '석가모니 부처님께서는 전생에 도를 구하기 위하여 목숨도 아끼지 않았다던데 나는 아직 부처님의 정성에 만분의 일에도 미치지 못하지 않은가?' 하고 생각하며 진리에 대한 굳은 의지를 되새겼다.

어느 날 저녁에 폭설이 내려 세상이 온통 눈으로 뒤덮였다. 달마대사 곁에서 무릎을 꿇고 제자가 되기를 간청하는 스님은 눈이 무릎까지 쌓여도 변함없이 자리를 지키고 있었다. 마침내 달마대사가 물었다.

"그대는 오랫동안 눈 속에 있으니 무엇을 구하고자 함이요?"

"큰스님의 자비로 감로의 법문을 열어 널리 중생을 구제하기를 원합니다."

"내가 전하려는 불법은 스스로 진리를 깨달아서 부처님이 되는 뛰어난 가르침으로, 보통 사람의 수행 수준으로는 불가한 것이요."

그러자 스님은 자신의 강한 의지를 내보이기 위하여 차고 있던 칼을 뽑아서 자신의 왼쪽 팔을 잘라 달마대사 앞에 바쳤다. 달마대사는 크게 감탄하고 스님이 불법을 깨달을 만한 인재임을 알고 지혜가 있어서 부처님이 될 만한 사람이라는 뜻으로 혜가(慧可)라는 이름을 지어 주고, 제자로 삼았다.

달마대사와 혜가대사의 이 만남의 일화를 '구법단비(求法斷臂)'라고 하는데, 진리를 구하기 위하여 스승님에게 팔뚝을 끊어 바치는 굳은 구도심과 정성을 나타내는 고사성어가 되었다.

혜가대사는 달마대사의 가르침을 듣고 크게 깨달았다. 번뇌 망상을 끊고, 철저하게 집착이 없는 무심(無心)한 마음이어야 비로소 참된 마음〔불성〕이 드러남을 알게 되었다.

혜가대사가 살았던 남북조 시기는 인도의 각 교파가 중국에 들어온 시기이다. 이 시기의 불교는 경전을 중심으로 하는 지식불교에 편중되었다. 이러한 시기에 달마대사의 뒤를 이은 혜가 대사는 걸림이 없고 얽매임이 없는 자유와 해탈을 얻으려면 마음을 고요히 하여 지혜를 얻는 선정을 강조해야 한다고 가르쳤다.

승찬대사

승찬(僧璨 : ?~606)대사는 수(隨)나라 때 스님으로 중국 선종의 제 3대 조사이다.

수나라 개황 12년에 도신(道信)이라는 15세의 동자승이 승찬대사를 찾아와서 절을 하며 말했다.

"큰스님이시여, 자비를 베푸시어 저에게 해탈하는 법문을 일러 주소서."

승찬대사가 대답했다.

"누가 너를 속박했더냐?"

"아무도 결박하지 않았습니다."

"그런데 어찌 해탈을 구하는가?"

이 말을 들은 동자승 도신은 즉시 크게 깨달았다.

본래 우리 인간은 부처님이 될 수 있는 마음을 모두 갖추고 있다. 본래의 마음자리는 청정하여 번뇌의 때가 없는데, 사람들은 스스로 번뇌 망상을 만들어서 괴로워하면서 살아가고 있다. 밖에서 다른 사람이 나를 괴롭히고 구속하는 것이 아니라, 스스로 욕심과 집착하는 마음으로 자기 분노를 이기지 못하여 고통의 수레바퀴를 벗어나지 못하고 있는 것이다. 아무도 나의 청정하고 맑은 마음을 더럽히고 구속할 수가 없다. 도신스님은 승찬대사의 법문을 듣고 자신을 구속하고 괴롭힌 것은 자기 자신이 만들어낸 번뇌 망상임을 그 자리에서 깨달았다.

승찬대사는 4언 146구 584자의 운문체로 우리 마음이 부처님이고, 중생의 마음이 부처님임을 밝힌 『신심명(信心銘)』이란 저서를 남겼다.

마음이 미혹하면 고요함과 산란함이 생겨나고
깨치면 좋아함과 미워함이 사라진다.
일체의 대립적이고 상대적인 두 견해는
이럴까 저럴까 하고 생각하여 분별하기 때문에 생겨난다.
—『신심명』

불자들이 추구하는 궁극의 깨달음은 그렇게 어렵고 멀리에 있는 것이 아니다. 평상시에 마음을 쓸 때 어느 한쪽으로 치우쳐서 편견과 선입견을 일으키지 않으면 되는 것이다. 승찬대사는 상대적으로 두 마음을 일으켜서 차별하고 비교하는 마음과 집착하고 치우치는 마음을 일으키지 않고 항상 한 마음으로 생각한다면 누구나 부처님의 마음자리를 깨달을 수 있음을 강조하고 있다.

홍인대사

"참다운 마음(眞心)은 스스로 존재하는 것이라
밖으로부터 오는 것이 아니며, 대가를 지불하여 배우는 것도 아니다.
과거·현재·미래의 삼세(三世) 가운데에 가까운 것이 있다고 하여도
마음보다 더 가까운 것은 아무 것도 없다.
만약 진실한 마음을 알아서 그 마음을 지킨다면 바로 깨달음의 언덕(彼岸)에 도달하는 것이요,
미혹하여 이 마음을 버린다면 지옥에 떨어질 것이다.
그러므로 모든 부처님은 내 마음(自心)으로써 스승을 삼았던 것을 알 수 있다.
—『수심요문』

홍인(弘忍 : 594~674) 대사는 당나라 때 고승이다. 중국 선종의 4
대 조사인 도신(道信)대사의 제자가 되어 오랫동안 그의 문하에서
수행하고 선법을 계승하였다.

중국 선종불교 역사에서 최초의 대승선(大乘禪)을 실천하는 수행
승려의 집단을 형성한 개창자는 홍인대사의 스승인 4조 도신(道信 :
580~651)이다. 도신대사는 쌍봉산에서 30년을 독자적으로 실천불
교 운동을 일으켜 500여 명의 수행승을 집단으로 모아 지도하였다.
중국 선종 불교에서 좌선을 중심으로 하는 수행집단의 형성은 도신
대사의 쌍봉산과 홍인대사의 동산(빙무산)을 중심으로 본격화되었

다고 할 수 있다. 특히 중국 선종의 용과 호랑이라 할 수 있는 혜능대사와 신수대사를 길러내며, 선풍을 드날렸으므로 홍인대사의 선풍을 동산법문(東山法門)이라 한다.

홍인대사의 인재양성의 기본 방침은 독특했다. 『능가사자기(楞伽師資記)』의 「홍인장(弘忍章)」에는 다음과 같은 내용이 있다.

어떤 사람이 물었다.

"도를 배우는데 왜 사람들이 많은 도시에서 수행하지 않고, 꼭 깊은 산중에서 하지 않으면 안 됩니까?"

홍인대사가 대답했다.

"훌륭한 집을 지을 목재는 원래 심산계곡에서 나오는 법이지 사람이 많이 사는 도시 가까운 곳에 있지 않다. 멀리 사람들로부터 떨어져 있기 때문에 칼이나 도끼에 상하는 일 없이, 하나하나가 좋은 재목으로 자란 후 꼭 필요한 곳에 큰 재목으로 사용할 수가 있다.

따라서 정신을 깊은 산 속에 거처하며 시끄러운 세상일을 피하여 본성(本性)을 산중에서 양육시켜 세상의 번뇌를 끊어버려야 한다.

눈앞에 한 물건(一物, 마음)도 없어져서 집착과 망상이 사라질 때 마음은 스스로 편안하게 되고, 도의 나무에 꽃이 피고, 참선의 열매가 열리게 된다."

혜능대사

육조 혜능(慧能 : 638~713)대사는 중국이 낳은 최고의 고승이다. 중국 불교의 주류를 이룬 선종(禪宗)의 형성이 혜능대사에 의해서 이루어졌으니 그가 중국과 한국, 일본 등 동아시아 국가에 미친 영향은 대단히 크다.

혜능대사는 중국 당나라 때 광동성(廣東省)에서 노(盧)씨 성을 가진 집안에서 태어났다. 아버지를 3세에 여의고, 어머니가 수절을 하면서 길렀다. 그가 자라면서 가세는 점점 궁색해져서 나무를 팔아 홀어머니를 봉양하며 살아 공부를 따로 할 기회가 없었다.

그런데 하루는 땔나무를 시장에 팔러 가다가, 길가에서 독경을 하고 있는 스님을 만났다. 스님이 외우는 경전의 한 구절이 젊은 나무꾼의 마음을 파고들었다.

"마땅히 머문 바가 없이 마음을 내라(應無所住而生其心)."

나무꾼은 물었다.

"방금 외우신 것은 무슨 경전의 말씀입니까?"

"『금강경』의 말씀이요. 우리 스승님은 홍인대사(弘忍大師)라는 큰스님인데, 『금강경』을 읽으면 누구나 부처님이 될 수 있다고 했소."

이렇게 하여 홀어머니에게 자초지정을 얘기하고 호북에 있는 황매산(黃梅山)에 계신 5조 홍인대사를 찾아가 출가하였다.

홍인대사가 물었다.

"너는 어디 사람이며, 여기는 무엇 하러 왔느냐?"

"저는 영남 신주(新主) 사람입니다. 여기에 온 목적은 스님의 제자가 되어 깨달음을 얻어 부처님이 되고자 함입니다."

홍인대사는 짐짓 놀라는 척하며 다시 물었다.

"영남 신주라 하면 남쪽 바닷가에 사는 오랑캐가 아니냐. 그런데 감히 어찌 오랑캐 족이 거룩한 부처님이 되겠다고 나불대느냐."

"스승님, 사람이야 태어나는 곳에 따라 남북이 있을 수 있겠으나, 어찌 착한 제자의 불성에 남북의 차별이 있겠습니까?"

홍인대사는 장차 큰 인물이 될 것이라는 확신을 하고 이 탁월한 제자를 아끼는 마음에서 뒤뜰에 있는 방앗간에서 조용히 일하도록 했다. 방아를 찧은 지 8개월이 지난 어느 날 홍인대사는 제자들에

게 그 동안 수행하고 공부하여 얻은 자신의 깨달음의 경지를 게송
으로 지어 바치라고 했다.

당시 홍인대사의 제자 가운데 신수(神秀)스님이 후계자로 거론되
었다. 신수스님은 고심 끝에 게송을 지어 직접 홍인대사에게 보이
지 않고 밤에 몰래 조사당 벽에다 써 놓았다.

> 몸은 보리수요
> 마음은 밝은 거울의 받침대와 같네.
> 항상 부지런히 털고 닦아서
> 먼지가 끼지 않도록 하라.

아침이 되어 홍인대사가 이 게송을 보고 완전한 깨달음의 경지에
이르지 못했다고 하여, 신수스님을 불러 다시 게송을 제출하라고
지시했다.

며칠이 지난 후 혜능도 다른 사람으로부터 신수스님의 게송을 전
해 듣고, 자신은 문자를 모르나 자신의 생각을 게송으로 지어 보겠
다고 하였다.

이 게송이 유명한 혜능대사의 자성게(自性偈)이다.

> 깨달음은 형상이 없어서 나무에 비유할 수 없고
> 밝은 마음 또한 형상이 없어서 받침대에 비유할 수 없네.

마음은 본래 항상 청정하거늘

어디에 번뇌의 티끌이 묻을 수 있으랴.

이렇게 하여 나무꾼 출신인 노행자가 홍인대사의 선맥을 이어 선종의 6대 조사가 된 것이다. 혜능대사는 선법을 전하라는 스승의 부촉을 받고 남방으로 내려갔다. 급기야 혜능대사의 제자들이 중국 남방에서 크게 일어나서 중국 불교 교단을 이끌게 되어, 혜능대사의 선풍(禪風, 참선하는 가풍)이 요원의 불꽃처럼 일어났다.

혜능대사의 선풍을 단번에 자신이 자성을 보고 깨닫는 돈오선(頓悟禪)이라 하고, 북방에서 활동했던 신수대사의 선풍을 단계를 거쳐서 점점 닦아서 깨달음에 이른다는 점수선(漸修禪)이라 하여 양대 중심을 이루었다.

영가대사

영가 현각(永嘉玄覺 : 665~713)대사는 당나라 때 스님으로 혜능 대사의 제자이다.

고향이 절강성 온주부(溫州府) 영가현(永嘉縣)이므로 영가대사라고 불렸다. 어려서 출가하여 대장경을 두루 섭렵하였고, 천태종의 좌계(左溪) 현랑(玄朗)선사의 가르침을 받았다.

영가대사는 일찍이 출가하여 온주의 개원사(開元寺)에 머물면서 늙은 어머니와 누님을 봉양하며 수행 생활을 하였다. 어느 날 나이가 육십이 넘은 스님이 절 복도를 지나가고 계셨다. 누이와 함께 스님을 모셔 차를 대접하기로 하고 모셔다가 이야기를 나누었는데, 노스님은 젊은 영가대사의 수행의 경지가 대단함을 알아차리고 이렇게 권했다.

"석가모니 부처님께서도 연등불(燃燈佛)께 장차 부처님이 되리라는 수기와 증명[인가]을 받았듯이, 젊은 스님도 남방에 가면 혜능대사라는 훌륭한 생불(生佛)이 계시는데 찾아가서 가르침과 인가를 받도록 하세요."

이 말을 들은 영가대사는 혜능대사가 계신 시흥현(始興縣) 조계산(曹溪山)으로 향하였다. 마침 혜능대사께서 상당설법(上堂說法)을 하고 있었다. 영가대사는 주장자를 갖고 법당에 올라가 혜능대사의 의자 주위를 세 번을 돌고 그 앞에 섰다.

혜능대사가 말씀하셨다.

"수행자란 행동거지가 예법에 맞고 계율이 엄격해야 하거늘 어찌하여 젊은 스님은 어디에서 온 사람이기에 이렇게 아만심을 내고 있는가?"

영가대사가 대답했다.

"죽고 사는 인생사가 무상(無常)하여 시간이 빠르게 지나갑니다 (바빠서 예절을 갖출 시간이 없습니다)."

혜능대사가 말했다.

"어찌하여 생사가 없는 이치를 깨닫지 못하고 바쁘다고만 하는가?"

영가대사가 대답했다.

"원래 깨닫고 보면 공(空)의 세계에서는 태어남과 죽음이 없으므로 시간의 빠름도 느림도 없지요."

혜능대사는 이 말을 듣고 "옳다, 옳다." 하시며 "네가 참으로 무생(無生)의 진리를 깨달았구나." 하고 인정해 주었다.

이 광경을 지켜본 천 명의 제자들이 놀라고 경탄하지 않은 사람이 없었다. 영가대사는 동쪽 복도에 주장자를 걸쳐 놓고서는 곧 자세를 갖추고 스승 앞으로 나아가 큰절을 했다. 그리고 다시 떠나겠다는 작별인사를 했다.

혜능대사는 "그대가 도대체 어디서 왔는데 그렇게 벌써 빨리 떠나는가?" 하고 하룻밤만 묵어가라고 청하여, 하룻밤을 묵으면서 깨달았다는 뜻인 '일숙각(一宿覺) 화상' 이란 별명을 얻었다.

마조대사

마조 도일(馬祖道一 ; 709~788)대사는 당나라 때 큰스님이다. 혜능 대사의 수제자인 남악 회양(南嶽懷讓)대사의 제자이다. 속성이 마(馬)씨이므로 마조(馬祖)대사라 불렀다. 고향은 사천성(四川省) 한주(漢州)인데 고향의 나한사(羅漢寺)에서 출가하였다. 생김새가 예사롭지 않아 소처럼 느리게 걷고, 눈빛은 호랑이처럼 예리하였다고 한다. 남악(南嶽)에서 회양(懷讓)대사가 제자를 가르친다는 소문을 듣고 찾아가서 열심히 좌선 수행을 하였다.

회양대사는 마조대사가 인재임을 알아보고 물었다.

"스님은 무엇을 하려고 좌선을 합니까?"

마조대사가 대답했다.

"부처님이 되려고요."

그러자 회양대사는 기왓장 한 장을 가지고 와서 마조대사 곁에서 갈기 시작하였다. 마조대사가 물었다.

"기왓장은 갈아서 무엇을 하실 겁니까?"

회양대사는 대답했다.

"거울을 만들려고."

"기왓장을 간다고 어찌 거울이 될 리가 있겠습니까?"

이 말이 떨어지기가 무섭게 회양대사는 말했다.

"기왓장을 갈아서 거울을 만들 수 없듯이 좌선으로는 부처님이 될 수가 없네."

마조대사가 물었다.

"그럼 어찌해야 합니까?"

회양대사가 대답했다.

"소가 수레를 끌고 가는데 수레가 만일 앞으로 나아가지 않는다면, 그때는 수레를 때려야 하는가? 아니면 소를 때려야 하겠는가?"

마조대사는 아무 말도 하지 못했다.

회양대사는 다시 말했다.

"자네가 앉아서 좌선(坐禪)을 하는 것인지, 부처님처럼 앉아서 부처님을 흉내 내는지 알 수가 없군. 혹시 좌선을 하고 있는 중이라면, 선(禪)이란 결코 앉아 있는 것이 아니며, 앉아서 부처님을

흉내 내고 있는 것이라면 그것은 곧 부처님을 죽이는 행위와 다름
이 없네."

이 말을 듣고 마조대사는 크게 깨달았다.

참선하는 목적은 스스로 마음을 깨달아 부처님이 되는 것이다.
우리 마음의 본래자리는 청정하여 불성이 본래 갖추어져 있는 것이
다. 따라서 본래 내 마음이 부처님이라는 사실을 듣고 즉석에서 깨
달으면 된다는 뜻이다. 선이란 앉아서만 하는 것이 아니다. 선의
목적은 부처님이 되고 중생을 구제하는 일이므로 중생을 구제하기
위해서 길거리로 나서는 교화행이 선이요, 깨달음의 행위인 것이
다.

마조대사의 선을 마조선(馬祖禪)이라 하는데 '평상심시도(平常心
是道 : 평상시의 마음이 바로 도다)'와 '즉심시불(卽心是佛 : 마음이 곧
부처님이다)'은 종래의 복잡하고 난해한 불교 교리체계를 매일매일
의 평범한 일상사로 설명함으로써 생활선으로 발전시켰다.

백장대사

백장 회해(白丈懷海 : 749~814) 대사는 당나라 때 스님으로 속성은 왕(王)씨이고, 복건성 복주(福州) 사람이다. 마조대사의 제자가 되어 깨달음을 인가받고, 강서성 홍주(洪州) 대웅산(大雄山, 백장산이라고도 함)에 대지성수선사(大智聖壽禪寺)를 세우고 이곳에서 선풍을 크게 일으켰다.

백장대사가 어렸을 때의 일이다.

스님은 어려서 어머니를 따라 절에 가서 법당의 불상을 보고 물었다.

"저것이 무엇이에요?"

"이 분은 거룩하신 부처님이시란다."

"부처님은 우리 사람과 똑같이 생기셨군요. 손도 있고, 발도 있고, 머리와 몸도 있네요. 저도 자라서 부처님이 되겠습니다."

지금은 서문(序文)밖에 남아 있지 않지만, 그의 저서인 『백장고

청규(白丈古淸規)』는 선원 수도 생활의 규율과 규칙을 처음으로 정리한 것이다. 백장대사가 선원 청규를 만든 이후 중국의 선불교는 더욱더 중국 풍토와 생활에 자리 잡게 되었다. 특히 노동이 곧 선 수행이라는 '선농일치(禪農一致)' 사상은 선종을 정치권력의 간섭으로부터 독립하여 독자적으로 자급자족하는 교단이 운영될 수 있는 토대를 마련하였다.

『백장고청규(白丈古淸規)』에서 스님은 절에 있는 모든 스님들이 각기 선원에서 직책을 맡아 봉사할 수 있는 갖가지 사무를 상세히 규정하였다. 그 동안 인도 불교의 영향으로 승려들은 신도들이 보시한 공양물에 의해서 살아왔다. 스님은 이러한 걸식(乞食)과 탁발 제도를 개혁하여, 선원의 모든 승려들이 힘을 모아 농사일을 하는 등 노동을 의무적으로 할 것을 규정하여 스스로 앞장서서 열심히 일을 하였다.

스님은 마조대사의 "평상심이 도이니, 움직이거나 머물거나 앉거나 눕거나 모두 선을 닦아야 한다."는 사상을 발전시켜 현실의 삶 속에서 노동의 실천을 통한 참선 수행을 강조하였다. "하루 일하지 않으면, 하루 먹지 않는다(一日不作 一日不食)."는 구호를 걸고 90세의 고령이 되어서도 제자들과 함께 밭에 나가 일을 하였다.

백장대사는 중생의 심성은 본래가 원만하여, 단지 마음 안으로 망상을 일으키지 않고, 밖으로 다른 대상이나 환경으로부터 속박을 당하지 않으면 부처님과 다를 것이 없다고 가르쳤다. 이런 사상을 근거로 하여 스님의 수행 법문은 바로 "모든 법을 전부 다 내려 놓아라"라는 것이다.

하루는 어떤 스님이 찾아와서 물었다.

"무엇이 대승 선종에서 단번에 깨달음을 얻을 수 있는 핵심입니까?"

이 물음에 백장대사께서는 이렇게 대답했다.

"일체를 모두 내려놓아라. 기록하지도 말고, 기억하지도 말며, 생각하지도 말며, 몸과 마음을 모두 어디에도 걸림이 없이 내려놓아라.

마음은 나무와 돌과 같아서 시비 분별하는 바가 없어야 하고, 마음으로 억지로 행하는 바가 없어야 한다.

마음이 허공처럼 텅 비면 지혜의 해가 저절로 나타나니, 구름이 걷히고 해가 드러나는 것과 같다. 일체의 잡다한 인연을 쉬면, 탐내고 성내고 사랑하는 마음과 더럽고 깨끗하다는 분별하는 생각이 없어진다.

모든 경계[환경, 대상]에 접하여 미혹되지 않으면 자연히 신통과 묘용을 갖추게 되니 이것이 해탈한 사람이다. 시비와 선악에 집착하지 않고 걸림이 없는 사람을 대승의 근기를 가진 사람이라 한다.

선과 악, 없음과 있음, 더럽고 깨끗함, 세간과 출세간 등 어느 한쪽으로 치우침이 없는 중도를 지니고 어떤 대상에도 구속받지 않는 사람을 부처님의 지혜라 이름한다.

시기함과 좋아함, 옳음과 그름 등의 상대적 관념으로부터 벗어
나 걸림이 없고 속박이 없는 사람을 초발심보살이라 이름하고, 이
는 곧 부처님의 땅에 오르게 된다."

— 『백장회해선사어록』

황벽선사

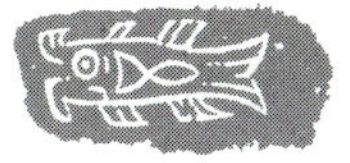

이 마음이 곧 부처님이요, 부처님이 곧 중생이요,
중생이 곧 부처님이요, 부처님이 곧 마음이니,
중생일 때에도 이 마음이 줄어들지 않고,
부처님일 때도 이 마음이 늘어나지 않는다.
이 마음은 항하사 같이 많은 공덕이 본래부터 구족하여 있어서 닦아서 더할 필요가 없다.
— 『황벽산단제선사전심법요』

황벽 희운(黃檗希運 ; ?~850)선사는 당나라 때 고승으로 백장대사의 수제자로서 복건성 복주부(福州府)에 있는 황벽산에서 선풍을 일으켰다. 황벽선사는 칠척장신으로 이마 한 가운데가 불룩 튀어나와 마치 큰 구슬과 같았다. 눈빛은 광채가 나서 상대방을 압도하는 위력을 지니고 있었다.

당나라 선종(宣宗) 황제가 어린시절에 황벽선사의 문하에서 머리를 깎고 동자승으로 있었다. 어느 날 궁금한 것이 있어서 황벽 스님에게 물었다.

"큰스님께서 부처님에도 매달리지 말고, 불법에도 매달리지 말고, 대중〔사람〕에게도 매달리지 말고 스스로 수행하라고 가르치지 않았습니까?"

"그랬다."

"그런데 어찌하여 큰스님께서는 매일같이 부처님께 예배하십니까? 도대체 무엇을 구하시려고 그러십니까?"

황벽스님은 대답했다.

"부처님에도 얽매이지 않고, 불법에도 얽매이지 않고, 대중에도 얽매이지 않고 그냥 무심(無心)하게 집착하는 마음이 없이 이렇게 예배한다."

동자승은 이해할 수 없다는 표정으로 비아냥거리며 다시 물었다.

"예배란 무언가를 구하기 위해서 하는 것이 아닙니까?"

황벽스님은 갑자기 동자승의 뺨을 후려쳤다. 동자승은 불만 섞인 음성으로 달려들었다.

"나라의 왕자를 이렇게 거칠게 대해도 됩니까?"

그러자 황벽선사는 다시 또 동자승의 뺨을 후려쳤다. 이렇게 세 번을 때리자 동자승은 벌떡 일어나 달아났다. 왕자라는 자만심에 가득 찬 동자승에게는 말이 필요가 없었던 것이다. 그래서 뺨을 후려쳐서 그의 아만심을 꺾어주었다. 그래서 어린 왕자는 훗날 황제의 지위에 오를 수 있었고, 황벽선사에 대한 그 때의 고마움의 표시로 자신의 과거·현재·미래 삼제(三際)의 업장을 소멸시켜 주신 큰스님이라 뜻으로 '단제(斷際) 선사' 란 시호를 내렸다.

임제선사

수행자여, 참다운 견해를 얻고자 하거든
오직 한 가지 세상의 속임수에 걸리는 미혹함에 빠지지 말아야 한다.
안으로나 밖으로나 만나는 모든 대상을 바로 죽여 버려라.
부처님을 만나면 부처님을 죽이고, 조사를 만나면 조사를 죽이고,
친적 권속을 만나면 친척 권속을 죽여야 비로소 해탈하여,
어떠한 경계에도 얽매이지 않고 어디에도 구속이 없는 대자유인이 될 수 있다.
— 『임제록』

임제 의현(臨濟義玄 : 787~867) 선사는 당나라 말기에 살았던 중국이 낳은 위대한 스님이다. 일본의 철학자인 이시사 기다로(西田幾多郞) 박사는 2차 세계대전 중에 일본의 귀중한 서적이 모두 불타 없어져도 임제선사의 어록인 『임제록』만 타지 않고 남으면 만족하겠다고 하였다.

우리 한국 불교의 조계종 또한 임제선사가 창종한 임제종의 영향을 받았다. 고려 말기의 국사였던 태고(太古) 대사가 중국 원나라에 유학하여 임제종 양기파(楊岐派)에 속하는 석옥 청공(石屋淸珙 : 1273~1352)의 선맥을 수입해 왔다. 그것이 조선시대 선불교에 큰

영향을 주었고, 오늘날 대한불교 조계종 법맥의 원류를 이루고 있
다.

임제선사는 하북(河北) 진주(鎭州)의 임제원에서 종풍을 드날렸
다. 그래서 후세에 이를 임제종이라 불렀다.

열심히 수행하고 있는 임제선사를 지켜보던 수좌스님이 물었다.

"스님은 여기서 얼마나 공부했습니까?"

"3년입니다."

"큰스님께 깨달음의 세계에 대하여 여쭙고 가르침을 받으십시
오."

임제선사는 수좌스님의 가르침대로 황벽선사를 찾아가서 깨달음
의 뜻을 여쭈었다가 몽둥이로 얻어맞았다. 수좌스님이 다시 여쭈
어 보라고 격려하여 다시 찾아갔다가 결국 세 번을 모두 몽둥이로
얻어맞기만 하였다.

마침내 임제선사는 자신의 근기가 황벽선사의 가르침을 수용할
수 없음을 깨닫고, 황벽선사를 찾아가 하직인사를 드렸다.

황벽선사는 말했다.

"고안(高安) 땅에 대우(大愚) 큰스님을 찾아가면 반드시 너에게
깨달음을 일깨워 줄 것이니 그리로 찾아 가거라."

임제선사가 대우 큰스님을 찾아가자, 대우 큰스님은 어디서 왔
느냐고 물었다.

"황벽산에서 왔습니다."

"황벽선사가 무슨 말〔어떤 가르침〕을 하였는가?"

"깨달음의 핵심적인 내용을 세 번이나 여쭈어 보았다가 세 번이나 몽둥이로 얻어맞았습니다. 저에게 무슨 잘못이 있는지 모르겠습니다."

"황벽선사의 노파심이 절실하여 너에게 그렇게 철저하게 깨닫게 해주려고 간절한 가르침을 주었건만, 무슨 잘잘못을 따지고 있느냐? 이 맹꽁아!"

임제선사는 이 말 끝에 즉석에서 크게 깨닫고 말했다.

"황벽선사의 깨달음도 별 것이 아니군요."

"조금 전에는 네게 잘못이 있니 없니 하면서 오줌싸개 노릇을 하더니, 황벽선사의 깨달음의 경계가 별 것이 아니라니. 네 놈이 무슨 도리를 깨쳤는지 빨리 말해 봐라!"

임제선사는 갑자기 대우 큰스님의 옆구리를 주먹으로 세 번을 쳤다. 대우 노스님은 임제선사를 밀쳐내며 말했다.

"너는 황벽선사에게서 배운 제자이니 그에게 가거라. 나와는 상관이 없다."

임제선사가 황벽선사에게 돌아와서 깨달음을 인정받고 대중들을 교화하였다.

임제선사는 자기 자신의 참다운 견해〔깨달음〕를 갖기 위해서는 기존의 어떠한 권위나 우상에도 집착하지 말고 타파해야 함을 강조하였다. 부처님을 죽이고 조사를 죽인다는 뜻은 부처님이나 조사

의 권위마저도 집착하지 않고 오직 자신의 진정한 깨달음의 견해만
을 추구하고 대장부의 자세를 나타낸 말이다. 임제선사는 인간의
주체적인 삶을 강조하였다. 우리로 하여금 이 세상의 주인이 되어
주체로써 당당하게 살아가라고 일깨워주고 있다.

임제선사는 부처님이 먼 곳에 있는 것이 아니라 내 자신이 부처
임을 이렇게 설하였다.

"수행자여, 조사나 부처님을 알고 싶다고 생각하는가? 너희들이
거기서 이 설법을 듣고 있는 그 놈이 그것이다."

조주대사

조주 종심(趙州從諗 : 778~897)대사는 당나라 때 사람으로 고향은 산동성 조주(趙州)이다. 조주(趙州) 땅에서 오래 주석하였으므로 조주대사라 불리게 되었다.

남전 보원(南泉普願)선사의 제자가 되어 크게 깨닫고, 여러 곳을 돌아다니다가 80세가 되어서야 조주성 동쪽 관음원(觀音院)에 머물면서 40년 동안 선풍을 드날렸다. 사람들은 그를 고불(古佛)이라 칭하였으며, 시호는 진제(眞際)이다. 그의 어록으로『조주록』이 있다.

조주대사에 관한 유명한 일화나 화두(話頭)가 많다. 그 중 '무(無)자 화두〔趙州狗子〕'와 '조주의 뜰 앞의 잣나무'의 화두는 1700개 화두〔공안〕 가운데 대표적인 화두이다.

마음을 다스리는 대표적인 선 수행법 가운데 하나가 간화선(看話禪)이다. 간화선 수행이란 화두(話頭, 公案)를 골똘히 생각하는 선 수행의 한 방법이다. 화두란 깨달음을 얻는 조사가 수행자를 깨달음의 길로 이끌기 위해 창안한 고도로 상징화된 문제, 즉 '의심덩어리'이다.

어느 젊은 스님이 조주선사를 찾아와서 물었다.
"개에게도 부처님의 성품이 있습니까?"
조주선사는 내뱉듯 대답했다.
"없다〔無〕."

─ 『무문관』

이 내용이 '무자 화두'이다. 부처님께서는 "모든 생명이 있는 무리에게는 불성이 있다."고 했는데, 왜 조주선사는 개에게 불성이 없다고 했을까? 이것은 논리와 상식에 맞지 않는 대답이다.

화두를 보통의 상식이나 생각으로 해석해 낸다면 그것은 의미가 없는 죽은 말〔死句〕이 되고 만다. 오직 '왜 그렇게 말했을까', '이것이 무슨 뜻일꼬(是甚麼)' 하고 의심을 계속하면 마음속의 모든 의심과 번뇌가 사라지고 '무자 화두'만 남게 된다. 그 순간에 의심덩어리가 풀리고, 어두운 마음이 사라져서 청정한 본래 마음〔불성〕을 깨닫게 된다.

선은 이럴까 저럴까 망설이면서 머릿속으로 생각만 하는 것이 아니다. 오직 바른 견해에 의해서 얻어지는 직관과 반야지혜이며 정견(正見)이다. 따라서 참된 성품은 주저하지 않고 옳은 길을 찾아서 실천하는 것이다. 보살행이 최고의 선이다.

도가 무엇이냐? 깨달음이 무엇이냐? 부처님이 무엇이냐? 이런 생각만 하다가는 불 속에 고통받고 있는 중생들이 모두 불에 타서 죽고 만다. 불길 속에 뛰어들어 중생을 먼저 살려내는 것이 선 수행자의 올바른 견해이다.

제2장 삼국·고려시대 선지식

"정말로 살아 있는 부처님 같아,

어쩌면 저렇게 훌륭할 수가 있을까?"

벽화를 본 사람들은 모두가 칭찬을 아끼지 않았다.

스님의 손길이 닿은 벽면은

고구려인의 기상이 넘쳐흘렀다.

― 담징스님 ―

겸익스님

겸익(謙益)스님은 백제 문화의 전성기인 25대 무녕왕과 26대 성왕 때의 스님이다.

겸익스님의 일대기는 불행히도 우리의 역사 사료에는 거의 언급되어 있지 않다. 그러나 외국의 사료에는 분명하게 드러나 있다. 당시 인도에 법을 구하러 가는 사람은 많았으나 돌아오는 사람은 거의 없었던 시대에 최초로 불교의 계율에 관한 경전을 인도로부터 직접 전해와 번역하여 백제 율종의 기원을 이룩하였다.

겸익스님이 살았던 시대는 삼국시대였다. 반도의 서남쪽에 자리 잡고 있던 백제 땅에 불교가 전래된 지도 150여 년이 지났다. 고을마다 곳곳마다 절과 탑이 많이 들어서고 스님들도 많았다. 왕으로부터 일반 서민에 이르기까지 모두가 부처님의 가르침을 받들고 있었다.

당시 뜻있는 젊은이들은 불법을 알고자, 또 올바른 길을 찾고자 출가 사문이 되는 사람이 많았다. 그들은 불법의 깊은 뜻을 이해하기 위해서 불교를 전해준 중국으로 가서 훌륭한 학자와 고승을 찾아 연구하기를 원하였다. 겸익스님도 이러한 분 중 하나였다

겸익스님은 학문이 뛰어나고 계율을 잘 지켜 모든 사람에게 존경을 받았다. 그러나 거기에 만족하지 않고, 자신의 무능을 부끄럽게 여기며 훌륭한 스승을 찾아 더욱 배워야겠다는 열의에 차 있었다. 겸익스님은 죽음을 각오하고 불교의 발상지인 부처님의 나라, 인도에 갈 것을 결심하였다. 그 당시는 중국에 가는 것도 힘들었기 때문에 많은 사람들은 생각은 있어도 실제에 있어서는 뜻을 이루지 못하였다.

법을 구하러 가는 길에는 많은 준비가 필요했다. 드디어 준비가 끝나자, 불법을 구하는 여행은 시작되었다. 이때가 바로 백제 성왕 4년, 526년의 일이다.

백제의 앞바다, 크고 작은 수많은 섬들을 벗어나는 것도 힘들고 지루한 뱃길인데, 험하고 아득한 남쪽 바다를 건너간다는 것은 생각조차 못할 만큼 너무나 어려운 일이었다. 그러나 불법을 찾아서 백제의 겸익스님은 인도로 건너간 것이다. 그 굳센 의지와 기백, 꺾이지 않는 구도의 정신은 끝내 부처님이 계셨던 땅, 그 가르침이 태양처럼 밝았던 인도에 닿을 수 있게 하였다.

겸익스님은 부처님이 태어나신 룸비니 동산, 성도하신 붓다가야

의 보리수, 처음 설법하신 베나레스의 교외 녹야원, 열반하신 쿠쉬나가라의 사라수 등 성지를 찾아 참배하고 중인도의 상가나대율사(常伽那大律寺)에 머물렀다. 거기서 그는 5년 동안 인도어와 학문을 깊이 연구하였다. 특히 율부를 깊이 공부하였다. 풍토가 다르고 언어 습관 등이 다른 머나먼 이역 땅에서, 목마른 길손이 샘에서 물을 마시듯, 법을 찾아온 나그네 겸익스님은 황홀한 기쁨을 느낀 것이다.

당시 인도의 언어와 문자는 물론 불교의 경전에 까지 통달하였던 겸익스님은 거기에서 도반이 된 인도의 스님 배달다(倍達多)와 함께 범본 『아담장오부율문(阿曇藏五部律文)』을 가지고 고국인 백제로 귀국하였다.

이때 백제왕은 예를 갖추고 교외에까지 친히 마중 나가 스님의 귀국을 크게 환영하고, 흥륜사에 머무시도록 하였다. 두 스님은 흥륜사에 머물면서 가지고 온 범어로 된 율문을 국내의 이름 있는 고승 28인과 함께 율부 72권으로 번역하였다. 또 새롭게 번역된 율부에 당시 담욱(曇旭)과 혜인(惠仁) 두 스님은 36권의 소(疏)를 지어 성왕에게 바쳤다. 왕도 여기서 서문을 지었다. 이와 같이 계율서에 대한 작업은 실로 거국적으로 행해졌다. 물론 당시에 중국에도 계율에 관한 번역서가 있긴 했으나 이에 만족하지 못한 겸익 스님은 직접 인도까지 가서 원본을 구하고 계율을 종합하여 통일본으로 책을 편찬한 것이다.

후세 신라 시대에 이르러 몇 분의 인도 구법행이 있기는 하였지만, 거의 돌아오지 못하였으며, 돌아오긴 하였지만 그 돌아온 곳이 중국이었음을 감안한다면 겸익 스님의 이 인도 구법행은 우리 역사에 길이 빛날 일이다.

겸익스님은 불교의 기원지인 인도에서 직접 범어를 배우고 율종을 받아들여 백제의 불교를 계율 중심의 불교로 만들었으며, 오늘날 이 땅에 불교의 계율 정신을 살아 있게 한 장본인이다. 또한 고구려 혜편스님의 제자로 일본최초의 출가승인 선신니(善信尼) 등 세 명의 비구니가 백제에 건너와 3년간 계율에 관한 학문을 배우고 돌아감으로써 겸익스님에 의해 확립된 백제의 계학은 일본에도 전해졌다.

경한스님

인생 70은 예로부터 드문 일이다. 77년 살다가 77년에 가나니
곳곳이 다 돌아갈 길이요 머리두면 바로 고향이거늘.
무엇하러 배와 노를 이끌어 특히 고향에 돌아가고자 하리.
내 몸은 본래 없는 것이요 마음 또한 머무는 곳 없나니
재를 만들어 사방에 뿌리고 시주(施主)의 땅을 범하지 말라."
— 「백운경한스님의 임종게」

『불조직지심체요절(佛祖直指心體要節)』로 최근에 널리 알려진 경한(景閑 : 1298~1374)스님은 고려 말의 고승으로 호는 백운(白雲)이며 전라북도 고부에서 태어났다.

우리나라가 세계 최고의 금속활자본의 문헌을 보유하게 한 경한 스님은 선종이 빛을 잃고 국가적으로는 당시 대국인 원나라의 간섭을 심하게 받는 반식민지상태에 놓여 있던 시기에, 태고 보우, 나옹 혜근 스님과 함께 기울어져 가는 나라의 운명 속에 시달리던 국민들과 사부대중들을 교화하는 데 일생을 몸 바친 훌륭한 불교 지도자 중 한 분이다.

어린 나이에 출가한 스님은 40여 년 동안 불법을 닦다가, 1351년

원나라에 가서 임제종 18대 법손인 석옥 청공(石屋淸珙 ; 1272~
1352) 선사의 법맥을 이어 받았으며, 인도 출신 승려로서 원나라에
머물던 지공(指空 : ?~1363)선사에게서도 가르침을 받았다고 한
다. 경한스님은 석옥의 문하에서 공부한 지 약 1년 만에 큰 깨달음
을 얻었는데 "내 마음에 맺혔던 의심은 얼음처럼 풀리고 무심무념
의 위없는 참 뜻을 깊이 믿게 되었다"고 했다. 이에 석옥은 제자인
경한스님에게 자신이 쓴『불조직지심체요결』을 주었다.

어느 날 경한스님은 좌선을 하던 중 갑자기『증도가(證道歌)』가
운데 한 구절인 "망상을 버리려 하지도 말고, 진실을 구하려 하지
도 말라. 무명의 성품이 바로 불성이요. 허깨비 같은 이 몸이 곧 법
신이다"는 구절이 떠올라 그 뜻에 따르니 이 몸 그대로가 성인이
요, 부처님이지만 세상의 번뇌 망상에 이리 채이고 저리 채이다 보
니 내가 누구인지 내 몸뚱아리의 참 주인이 누구인지조차 모르고
살아가고 있음을 깨달았다. 스님께서는 무심선(無心禪), 즉 마음을 무
심의 상태에 이르게 함으로써 '참 나'가 저절로 드러나게 한 것이다.

경한스님의 인품과 도력에 대해서는 당시 고려 말의 이색(李穡)
이 쓴『백운화상어록』의 서문에 잘 나타나 있다.

"선비가 한 세상에 나서 서로 만나지 못한 이가 한없이 많겠지
만, 지금 백운에 대해서는 더욱 유감스럽게 여겨진다. 그 도의 높
이와 법어의 깊이는 나의 지식으로는 알 수 없는 것이요, 도의 안
목을 가진 자가 증명할 것이다."

지장스님

지장보살의 화신으로 중국 땅에 널리 알려진 신라의 지장(地藏 ; 696?~794?)스님은 신라의 왕손으로 속성은 김씨이고, 호는 교각(喬覺)이다.

스님은 성덕왕의 맏아들로 태어나 모든 부귀영화를 버리고 24세에 출가하여 홀홀 단신 중국으로 건너가 명산인 안휘성 구화산(九華山)에서 초인적인 수행을 하였다. 하지만 내란의 와중에서 날로 참혹해져 가는 민중의 삶을 지켜보면서 높은 법력으로 지장보살에 귀의하여 당시 중국의 황제와 신하들을 불법에 귀의하게 하였다.

스님은 중국 양자강 남쪽 구화산의 한 동굴에서 열심히 수행하였다. 그때 스님은 바위틈에 있는 흰 흙을 쌀과 섞어서 삶아 먹고 지낼 정도로 고행을 하였다고 한다. 이러한 스님의 고행하는 모습을 지켜 본 산 밑 마을 사람들은 감격하여 스님에게 큰 절을 지어 주기도 하였다.

스님께서는 780년 경 제자들과 함께 화성사를 창건하여 그 당시 중국 사람들에게 낯설었던 지장신앙을 전파하기 시작했다. 중국의 『송고승전』에 의하면, 지장스님이 수행하던 구화산은 원래 청양 거사 민양화의 소유였다. 민 거사는 자주 100명의 스님을 모시고 재를 베풀었는데, 그때마다 반드시 한 자리를 비워두고 지장스님을 청하여 수를 채웠다고 한다.

하루는 지장스님이 마을로 내려왔는데 이 소식을 들은 민 거사가 마을 어귀까지 나와 스님을 맞이하였다. 민 거사가 물었다.

"스님에게 어떻게 보답하면 되겠습니까?"

이에 지장스님은 대답했다.

"나에게 가사를 덮을 만한 땅을 빌려 주시오."

그러자 민 거사는 "구화산 전체가 저의 땅이오니 마음대로 고르십시오."라고 선선히 말했다. 민 거사가 허락하자 지장스님은 가사를 펼쳤다. 그런데 그 가사가 구화산 99개 봉우리를 모두 덮어버렸다고 한다.

결국 지장스님의 법력에 감복한 민 거사는 기쁜 마음으로 구화산을 시주하였으며, 또한 자신의 아들을 제자로 출가시켰다. 지금도 민 거사와 그의 아들의 모습이 지장보살의 좌우에 서 있는 것을 구화산에 있는 지장탱화 속에서 찾아 볼 수 있다고 한다.

또한 지장스님의 법력이 높다는 소문이 신라에까지 전해지자 신라의 스님들이 구름같이 몰려들었다. 이렇게 구화산을 찾는 스님들이 많아지자 양식마저 부족하게 되었다. 이때 지장스님이 돌을 헤쳐내고 흙을 파니 그 흙빛이 맑고 희어져 저절로 국수가 되어 그것으로 대중공양을 하였다고 한다.

평생을 구화산에 머물면서 수행과 교화활동에 힘쓴 지장스님은 99세가 되던 해, 음력 7월 30일 밤에 대중을 모아놓고 제자들에게 마지막 유언을 남겼다.

"내가 열반한 후에 내 육신을 다비하지 말고 3년이 지난 뒤 열어보아라. 만일 3년이 지나도록 육신이 썩지 않았다면 그때에는 개금하도록 하여라."

이와 같은 말을 남기고 스님은 항아리 속으로 들어가 결가부좌를 한 상태로 열반에 들었다. 제자들은 스님의 말씀대로 3년 후 시신을 모셔두었던 항아리를 열어보았다.

스님은 3년 전 입적 당시의 결가부좌한 모습 그대로였으며, 얼굴이 살아있는 듯 하였고 피부는 유연하였을 뿐 아니라 항아리속의 향긋한 향 내음이 구화산 전체를 온통 뒤덮었다고 한다.

스님은 속세의 나이 99살, 구화산에 들어온 지 75년 만에 법상 위에서 입적했는데, 입적한 지 3년 후 생전의 예언에 따라 육신불(肉身佛)로 다시 세상에 화현함으로써 중국에서는 스님을 육신보살〔등신불, 즉신불〕로 추앙하고 있다. 또 제자들은 스님이 머물던 곳에 육신전을 세워 지장왕궁이라 하였다.

신라 왕족의 후손으로 출가하여 중국으로 건너가서 중국 불교 4
대성지의 하나인 구화산의 개산조가 된 지장스님은 지금도 지장보
살의 화신으로 중국인들에게 절대적인 신앙의 대상이 되고 있다.

담징 스님

담징(曇徵 : 579~631)스님은 고구려의 승려이자 화가로서 일찍이 출가하여 불교의 경전 뿐 아니라 그림을 잘 그렸으며, 특히 백제를 거쳐 일본에 건너가 채색과 종이·먹·연자방아 등의 제작법을 전한 스님으로 널리 알려져 있다.

젊은 날 예술에 뜻을 두고 담징 스님이 신라에 머물고 있을 때의 일이다. 이 소문을 들은 일본은 스님을 자기 나라로 모셔 가려고 사람을 보냈다.

『일본서기』에 의하면, 스님은 일본 승려 호조와 함께 일본 나라현에 있는 호류사(法隆寺)에 머무르면서, 불법과 유교의 오경을 가르치고 금당벽화*를 그렸다고 전한다.

아마도 담징스님은 망설인 끝에 일본에 건너가 고행과 수도에 정진했을 것이다. 왜냐하면 당시 중국의 수나라가 고구려가 돌궐에는 사신을 보내면서 수나라에는 사신을 보내지 않은 것을 핑계로 백만 대군을 이끌고 고구려를 침입하였기 때문이다. 이 소식을 들은 스님은 고구려로 돌아가고 싶었으나 일본과의 약속을 저버릴 수가 없었다. 예술에 대한 꿈을 품고 일본으로 건너오긴 했으나 담징스님의 마음은 언제나 조국인 고구려에 있었다. 그래서 항상 조국을 위해 부처님께 기도를 하였다.

그런데 어느 날 일본 스님이 찾아와 담징스님에게 부탁하였다.

"조금 있으면 우리나라에서 제일 큰 사원인 호류사가 완성됩니다. 벽화를 그려야 되는데 부디 큰스님께서 그림을 그려 주십시오."

그러나 날로 위험해지고 있는 조국에 대한 걱정으로 스님은 아무 일도 할 수가 없었다. 스님은 일본에 도착한 이후에 죄의식과 걱정으로 상심의 나날을 보냈다.

금당의 벽화를 그리기로 약속한 이후로 꽤 많은 시간이 흘렀지만 담징스님은 붓을 잡지 못하고 있었던 것이다. 그의 머리 속에는 조국의 강토에서 신음하는 동포들의 모습만 떠오를 뿐, 막상 그림을 그리려 해도 조국이 처한 국난이 떠오르면 들었던 붓을 던지고 벽에서 물러나 주저앉을 수밖에 없었다.

담징스님은 밤마다 일본 스님들에게 쫓기고, 조국의 동포들에게 외면을 받고 달아나는 꿈을 꾸곤 했다. 꿈에서 깨면 머리맡의 염주를 들고 밖으로 나와 부처님께 기도를 했지만 가시지 않는 잡념은 더해갔고 스님의 가슴 속은 자꾸만 타들어가고 있었다. 피비린내

와 거침없는 말발굽소리만이 덮쳐올 뿐이었다.

담징스님이 이렇게 견디기 힘든 나날을 보내고 있던 어느 날 호류사의 주지스님이 몸소 찾아왔다.

"기뻐하소서, 수 양제의 백만 대군이 을지문덕 장군의 한칼 밑에 가랑잎같이 흩어지고 말았다 하옵니다. 이제 큰스님께서 금당벽화를 착공하실 때가 왔나 봅니다."

"조국이 승리를 거두었다!"

담징스님은 돌아서서 부처님 앞에 크게 합장 배례를 하였다. 이 절 주지스님만은 담징스님이 화필을 잡지 못하고 있었던 이유를 알고 있었음이 분명했다.

가슴에 넘쳐흐르는 희열과 끝없는 감사의 마음, 그는 북녘 하늘을 향해 합장 배례를 몇 번이나 하는 동안 솟아오르는 환희의 감정을 억누를 수가 없었다.

드디어 담징스님은 불경을 외우며 목탁을 두드렸다. 그리고 호류사로 돌아와 힘을 다해 벽화를 그리기 시작했다. 그림을 그리기 시작한 며칠 뒤 마침내 그림을 완성하였다. 그림에 그려진 부처님의 모습은 모든 사람의 마음을 사로잡고 말았다.

"정말로 살아 있는 부처님 같아, 어쩌면 저렇게 훌륭할 수가 있을까?"

벽화를 본 사람들은 모두가 칭찬을 아끼지 않았다. 스님의 손길이 닿은 벽면은 고구려인의 기상이 넘쳐흘렀다.

　담징스님은 속세에 관한 마지막 미련인 듯 정성을 다해서 두 눈
썹 사이에 일점을 찍었다. 각고의 노력 끝에 열반의 상징인 보살을
완성시켰다. 담징스님의 바로 뒤에 서있던 호류사의 주지스님도
바로 눈앞에 구현된 열반의 세계에 도취되어 합장한 채 무릎을 꿇
었다. 담징스님을 비방하던 일본스님들도 모두 꿇어 엎드려 합장
을 하기 시작했다. 누군가가 피워놓은 향불이 조용히 피어오르고
있었다.

* 호류사의 금당벽화는 금당의 사면 벽에 석가모니, 아미타불, 미륵불, 약사불 등의 부처님을 그
렸는데, 이를 사불정토도라고 한다. 일본학계에서는 이것을 담징스님의 작품으로 인정하지 않고,
7세기 후반경의 하쿠호시대〔白鳳時代〕에 그려진 것으로 추정하고 있다.

대안스님

삼국 통일 전야의 신라불교는 왕실과 귀족중심의 초기 신라불교와는 달리 일반 민중들의 생활 속에 뛰어들어 귀족이나 서민의 차별 없이 불교를 골고루 전파한 훌륭한 스님들이 많았다. 그 대표적인 스님으로 혜숙(惠宿)과 혜공(惠空), 그리고 대안(大安)스님을 들 수 있다. 당시 혜숙스님은 시골을 무대로, 혜공스님은 서라벌의 골목골목을 누비며, 대안스님은 장터를 중심무대로 삼아 불교를 꽃피웠다. 이들은 궁전 근처의 큰 사찰에 머물지 않고 마을이나 거리를 다니면서 불교 대중화에 노력하였다.

특히 대안스님의 내력은 잘 알 수 없으나, 그의 형상이 특이하고 항상 장터거리에 살면서 구리 바릿대를 두드리고, "크게 편안하시오, 크게 편안하시오(大安 大安)." 하는 소리를 외쳤기 때문에 그의 기이한 행동과 불교의 가르침에 감동 받은 사람들은 이 이름모를 스님을 대안성자라 불렀다고 한다.

하루는 원효스님이 멀뚱히 서 있는 제자에게 물었다.

"대안스님은 지금 어디 계시느냐?"

"남산의 굴속에 계신다고 들었습니다."

그 길로 원효스님은 대안스님을 찾아갔다. 대안스님은 조그만 굴속에서 너구리 새끼를 안고 있었다.

"스님!"

대안스님은 뒤를 돌아다보고 너털웃음으로 답했다.

"하! 하! 마침 잘 오셨소. 이놈의 너구리 새끼들이 어미를 잃었기에 들고 왔습니다. 서라벌에 가서 젖을 얻어 올 때까지 이놈들의 어미가 되어 주시오."

그리고 대안스님은 서라벌로 젖을 구하러 나갔다. 시간이 얼마나 지났는지 너구리 새끼 중에 한 마리가 굶주림에 지쳐 죽어 버렸다. 원효스님은 죽은 너구리 새끼를 안고 극락에 환생하라고 '아미타경'을 독송하고 있었다. 이때 대안스님이 젖을 얻어 돌아와 보니 굴속에서 원효스님의 경 읽는 소리가 처량하게 들렸다.

"나무 아미타불 나무 아미타불 …"

대안스님이 물었다.

"무엇하고 있습니까?"

"이놈의 영혼이라도 왕생극락하라고 염불을 하고 있습니다."

"허허, 그 불경 소리를 죽은 너구리 새끼가 알아듣겠습니까?"

대안스님의 말에 원효스님은 돌아보며 말했다.

“너구리가 알아듣는 불경이 따로 있습니까?”

“있지요. 제가 읽는 경을 스님도 들어보시오.”

대안스님은 얻어온 젖을 살아 있는 새끼들에게 먹이며 말했다.

“이것이 너구리 새끼가 알아듣는 경입니다.”

우리는 대안 스님의 일화를 통해서 부처님의 가르침은 고상하고 편안한 곳에 있는 것이 아니라, 악과 불의가 횡행하며, 고통과 이별이 난무하는 이 순간 삶의 현장에 있어야 한다는 사실을 알아야 할 것이다.

도의국사

대한불교 조계종의 헌법이라 할 수 있는 종헌 제1조에 의하면 "본종은 대한불교 조계종이라 칭한다. 본종은 신라 도의국사가 창종한 가지산문에서 기원하여 …"라고 기록되어 있다.

이는 한국불교의 정통을 이어받은 조계종이 중국 달마대사의 선법을 이어받은 6조 혜능대사의 조계산맥 법통을 계승한 가지산문에 있으며, 그 종조가 신라의 고승이신 도의국사에게 있음을 말해주고 있다. 왜냐하면 도의국사가 신라에 중국의 남종선을 최초로 전했기 때문이다.

국사의 행적을 소상하게 알려주고 있는 『조당집(祖堂集)』 권17에 의하면, 스님은 선덕왕 5년인 784년에 배를 타고 당나라 오대산으로 가서 공중으로부터 종소리를 듣는 등 문수보살의 감응을 얻었다. 그 뒤 보단사에서 비구계를 받고 6조 혜능대사가 머무셨던 조계산으로 가서 혜능을 모신 조사당을 참배하였는데, 이때 조사당의 문이 저절로 열렸다고 한다. 다시 강서 개원사로 가서 6조 혜능대사의 증법손인 서당 지장스님을 스승으로 모시고 공부하여 의혹을 풀고 그 법맥을 이어 달마 선법을 전수하였다.

당시 서당 지장스님은 마치 돌 틈에서 옥을 고른 듯하고 조개껍질에서 진주를 주워 낸 듯 기뻐하며 "진실로 법을 전한다면 이런 사람이 아니고 누구에게 전하랴."라고 말했다.

그 뒤 도의국사는 다시 '하루 일하지 않으면 하루 먹지 않는다(一日不作 一日不食)'는 말씀과 청규(淸規)로 유명한 백장 회해대사를 찾아가서 불법의 핵심을 강의 받았는데, 이때 백장 회해대사는 "강서의 선맥이 모두 이 신라의 스님에게 속하게 되었구나."하고 칭찬하였다고 한다.

달마 이래 6조 혜능대사의 정통 선법을 계승한 도의국사는 37년의 당나라 유학을 마치고 헌덕왕 13년인 821년 귀국하여 선법을 펴고자 했다. 그러나 어느 누구도 선법을 알아주지도, 알고자 노력하지도 않았다. 당시 신라 사람들은 교학만을 숭상하고 선법을 믿지 않았으며 허무맹랑한 소리라고 오히려 비방하였다. 이런 상황에서 아직 때가 이르지 않았음을 파악한 도의국사는 설악산 진전사로 들어가 40년 동안 수도하다가 제자 염거스님에게 법을 전하고 입적하였다.

한편 염거의 제자 체징스님은 전라남도 장흥의 가지산 보림사에 가지산파를 세워 크게 선풍을 떨쳤는데, 이때 도의국사를 제1세,

염거를 제2세, 자신을 제3세라고 하여 도의국사를 가지산파의 개산조로 삼았다.

이러한 통일신라 말 고려 초기에 최초의 선문이자, 조계종의 원류인 가지산문의 시원을 이룩한 도의국사는 당시 세워진 아홉 개의 선문인 '구산선문(九山禪門)'과 함께 나말여초라는 격변기를 헤쳐 나갈 수 있는 하나의 대안을 제시함으로써, 당대의 새로운 시대정신으로 자리매김하게 되었다.

무상스님

신라왕자 출신 무상(無相 : 684~762)스님은 신라 성덕왕의 셋째 아들로 태어났다.

일찍 중국 당나라로 건너가 수행한 스님은 속성이 김씨라 중국에선 '김화상'으로 많이 알려졌으며, 입적 후 '무상공존자(無相空尊者)'로 추대되었다.

무상스님은 나한상으로 유명한 중국 사천성 나한사, 운남성 공죽사 등에서 중국의 오백나한(五百羅漢) 가운데 455번째 나한으로 모셔져 있다. 중국 오백나한 중 인도인, 중국인이 아닌 외국인으로는 무상스님이 유일하게 모셔져 있다.

스님은 신라에 있을 때 진로에 대하여 많은 고민을 하였다. 그러나 혼인을 강요받은 그의 누이가 칼로 얼굴에 상처를 내어 서원하는 것을 보고 '유약한 여자도 오히려 굳고 강인한 의지가 있거늘 대장부인 내가 어찌 무심할 것인가' 라고 말한 뒤 출가하였다고 한다.

출가 후 스님은 728년 당나라에 건너가 스승을 찾아 널리 중원을 여기저기 돌아다니며 수도를 하였다. 그러다가 사천성 덕순사에 덕 높은 스님이 계시다는 말을 듣고 인사를 드리려 했으나 병으로 만나주지 않았다. 이에 무상스님은 즉시 손가락 하나를 태워 스승에게 공양했다. 이것을 본 스승은 스님이 비범한 인물임을 깨닫고 2년간 옆에 머물게 한 후 법을 전했다.

후에 공부가 깊어진 후에도 사천성내에 들어가 낮에는 무덤에서, 밤에는 나무 밑에서 좌선하는 두타행(頭陀行)*을 계속하였다. 이것을 본 성안의 사람들은 무상 스님이 기이한 인물임을 알고 무너진 묘지에 정중사라는 절을 지어 바쳤다. 스님은 정중사에 머물며 20여 년 동안 가르침을 펼쳤다.

스님은 정중사에서 매년 12월과 정월에 스님들과 일반 신도들을 위해서 법회를 열었다. 스님은 항상 법상에 올라 먼저 "나~무~

아~미~타~불~”을 선창하여 인성염불(引聲念佛)**을 하고 청중
들의 번뇌가 다하면 염불을 조용히 그친 다음에 계(戒)·정(定)·혜
(慧)를 설하여 사람들을 교화했다.

그러나 스님의 염불은 정토종의 칭명염불(稱名念佛)과는 달랐다.
스님은 인성염불을 통해서 사람들의 일상의 번뇌와 산란을 정화한
다음에, 그 깨끗한 마음에다가 다시 불교수행의 핵심인 계정혜 삼
학(三學)을 해석한 법문을 통해서 청중들에게 간단명료하면서도 깊
은 깨달음을 주었던 것이다.

이와 같이 염불을 통해 무념의 경지에 이르고자하는 스님의 염불
선은 중국 사천성 일대를 중심으로 널리 퍼져 중국 선종사의 대표
적 계파인 정중종(淨衆宗)을 일으켜, 훗날 신라의 구산선문 중 하
나로 한국 선불교에도 큰 영향을 미쳤다.

---

* 인간의 모든 집착·번뇌를 버리고 심신을 수련하는 스님들의 수행 방법을 말한다.
** 본래 신라에서 하던 수행으로 법회의 시작이나 중간에 소리를 길게 끌어내 수행자들이 따라
부르게 하는 것을 말한다. 사람들로 하여금 일상의 번뇌를 정화시키고 법회에 집중하게 하는 역할
을 한다.

승랑대사

고구려 소수림왕 2년, 서기 372년에 불교가 순도스님에 의해 처음으로 고구려에 들어온 이후 한국 불교사의 첫 페이지를 장식하는 유명한 인물 가운데 한 분이 고구려의 승랑(僧朗)대사이다.

당시에는 많은 스님들이 중국에 유학하여 중요한 경전들을 배우고 돌아오기도 했지만, 어떤 스님들은 우리나라보다도 오히려 중국이나 일본에서 명성을 떨치기도 했다. 고구려의 승랑대사는 바로 중국에서 명성을 떨친 대표적인 스님이다.

승랑대사는 지금은 중국 영토인 고구려의 요동성에서 태어났다. 중국 삼론종(三論宗) 창설의 선구자이기도 스님은 중국 장안에 들어가 구마라집 계통의 삼론학을 연구하였으며, 그 후 강남 종산의 초당사에 머물면서 주옹스님에게 삼론의 근본사상을 가르쳤다. 그 후 양의 무제(재위 502~549) 초에 섭산 서하사로 들어갔다.

이렇게 고구려의 승랑대사에 의해 발전된 중국의 삼론학은 그 후 승전스님과 법랑스님에게 계승되고, 다시 길장스님에 의해 집대성되었다. 길장스님은 당시 학문적인 분류가 없었던 것을 비로소 체계화하여 중국 삼론학을 확립시켰다.

중국 삼론학의 대성자인 길장스님은 이런 학식을 지닌 고구려인인 승랑대사의 이름 두 자를 쓰는 것조차 피하였다. 그래서 승랑대사를 직접 부르지 못하고 대사가 계셨던 섭산 서하의 산 이름을 따서 섭산대사, 또는 섭령대사라 하였고, 낭(朗)대사, 대랑법사(大朗法師)라고 높여 불렀다. 이는 길장스님의 교학 정립에 승랑대사의 학설이 지대한 영향을 끼쳤음을 말해 주고 있다.

우리는 모든 것이 실체가 있다고 생각하며 살아간다. 젊음이나 아름다움도 있고, 돈이나 명예도 있고, 그것을 꿈꾸는 나도 있다고 생각한다. 그래서 더 젊어지거나 예뻐지려 하고, 돈이나 명예를 얻기 위해 애쓴다. 하지만 승랑대사는 그런 것은 없으며 집착일 뿐이라고 하였다. 건강이나 아름다움도 언젠가는 없어지고 마는 실체 없는 거품일 뿐이며, 돈이나 명예 또한 영원불변하는 것이 아니라고 하였다. 그런데도 사람들은 어떤 고정 틀이 있는 불변의 것인 양 매달려 살고 있다.

그래서 승랑대사는 이런 사람들에 대해 '있는 것도 아니고 없는 것도 아니니 사실은 있음과 없음이 둘이 아니다', '둘도 아니지만 둘 아닌 것도 아니다. 처음부터 그대로 있었을 뿐이므로 깨달았다

해서 얻은 것이 있는 것은 아니다' 라는 참 진리를 설하였고, 고통
과 즐거움도 둘이 아니라 하나라고 가르쳤다.

원광법사

첫째는 임금을 충성으로써 모실 것이요.
둘째는 어버이에게 효를 다할 것이요.
셋째는 친구에게 믿음을 지킬 것이요.
넷째는 전쟁터에서 물러서지 말 것이요.
다섯째는 산 목숨을 가려서 죽일 것이다.

— 『세속오계』

원광(圓光 : 555~638)법사는 신라 불교계에서 온 백성의 숭앙을 받던 분으로, 속성은 박씨이며 경주 출신이다.

그는 천재로서 어렸을 때 유교에 대한 학문을 모두 전수하고 25세에 당시 중국의 진나라에 법을 구하러 갔다. 그는 장엄사의 민공 스님의 제자에게서 불교에 대한 강의를 듣고 유교는 비할 바가 못 된다는 것을 깨닫고 스스로 구족계를 받고 출가하였다고 한다.

원광법사는 금릉의 장엄사에서 『열반경(涅槃經)』, 『성실론(成實論)』을, 소주의 서산사에서 『구사론(俱舍論)』 등을 연구한 후 불경을 강독하여 명성을 떨쳤으며, 수나라 황제의 어전에서 열린 법회에서는 『섭대승론(攝大乘論)』을 강설하기도 하였다.

　이러한 원광법사의 명성이 널리 알려지자, 신라의 진평왕은 수나라 황제에게 스님의 귀국을 요청하였다. 스님은 진평왕 22년, 서기 600년에 중국에서 귀국하여 당시 임금과 신하로부터 존경을 받았고, 점점 깨달음의 폭을 넓혀 갔다. 특히 원광법사가 귀국하였을 때 진평왕은 스님을 국사로 봉하여 모시고 극진하게 대우하였다.

　당시에는 북쪽의 고구려가 빼앗긴 한강 일대를 회복하기 위해 신라의 국경을 자주 침범하는 일이 많았다. 이에 진평왕은 수나라에 사신을 보내 고구려를 정벌해 달라는 청원을 하려 하였다. 진평왕은 수황제의 존경을 받았던 원광법사에게 걸사표(乞師表)를 요청하였다. 이에 원광법사는 "자기의 생존을 위해 남을 죽이는 것은 승려가 할 일이 아니오. 그러나 빈도가 대왕의 땅에서 대왕의 물을 마시고 살고 있으니 감히 분부를 거역할 수 없습니다."하면서 글을 지어 올렸다고 한다. 남을 해치는 것이 출가 사문의 도리가 아님을 알면서도 신라의 신하임을 스스로 자청하고 나라의 안녕을 기원했던 호국의 정신을 볼 수 있다.

　원광법사는 누가 보아도 머리가 숙여지고 공경심을 일으키게 할 만한 체격과 학식을 겸비한 사람이었다. 스님의 광채가 서린 눈과 당당한 풍체 앞에서는 누구든지 머리를 숙이고 무릎을 꿇지 않을 수가 없었다. 또한 원광법사는 점찰보*를 개설하여 『점찰선악업보경(占察善惡業報經)』을 통해서 불교에 입각한 도덕관으로 계율을 지키고 참회의 생활을 하도록 하였다.

원광법사가 청도의 가실사에 있을 때의 일이다. 서라벌 모량리에 귀산과 추항이라는 두 청년이 있었는데 그들은 독실한 불교신자였다. 하루는 그들이 원광법사를 찾아와 '저희들이 처세하는데 평생 지켜 행할 수 있는 계명을 하나 얻어서 몸이 다할 때까지 지키고자 하오니 일러 주십시오.'라고 말하였다.

스님이 말씀하시기를 '너희가 불교신자라면 불교 5계를 받았을 줄로 안다. 이것만 잘 지키면 그만이지 이 밖에 더 좋은 것이 있겠느냐? 그러나 나는 너희들에게 세속 5계를 하나 일러 주겠으니 이것을 평생 지키도록 하여라. 첫째는 임금을 충성으로써 모실 것이요, 둘째는 어버이에게 효를 다할 것이요, 셋째는 친구에게 믿음을 지킬 것이요, 넷째는 전쟁터에서 물러서지 말 것이요, 다섯째는 산목숨을 가려서 죽일 것이다. 너희들은 이 일을 실행하여 소홀함이 없도록 하여라.'라고 하였다.

두 청년은 앞의 네 가지 계는 잘 이해하였으나 나머지 하나는 이해하지 못했다. 그래서 원광법사는 마지막 계명인 살생유택에 대하여 자세히 설명하였다.

'육재일(六齋日)과 봄·여름 산란기에는 집에서 기르는 소나 말, 닭이나 개 등을 죽이지 말라, 이것이 생물을 죽일 때 가려 죽이는 일이다. 이것도 오직 쓸 만큼만 하고 많이 죽이지 말라, 이것이 세속의 선행이니라.'

살생은 불가에서 원칙적으로는 금하는 것이지만, 결과가 공덕과

이익을 가져오는 것이라면 그러한 살생은 원광법사에게서는 죄악
이 아니었다. 이러한 원광법사의 사상은 막연한 종교적 계율의 범
주에서 탈피하여 국가에 응용되고, 민족을 구할 수 있는 계율로 승
화된 것이다.

* 점찰보(占察寶) : 보시자들이 시납한 전곡(錢穀)을 비축해 보를 세운 뒤, 이식사업을 벌여 그
이자로써 교단의 유지와 교리의 발전을 꾀하는 것을 목적으로 613년 진평왕 35년, 원광법사에 의
해 최초로 만들어졌다.

원측스님

원측(圓測 ; 613~696)스님은 신라시대 스님으로 유식학의 대가로 알려져 있으며, 타고난 천재성에 끝없는 열정으로 독창적인 교학을 확립하여 국제적으로 활약한 위대한 스님이다.

원측스님은 신라의 왕족 출신으로 3세의 어린 나이에 출가하여 15세에 당나라로 유학하기 위해 건너갔다. 스님은 당시 당나라의 고승인 법상과 승변스님을 스승으로 모시고 중국의 대승과 소승의 모든 경론을 통달하였다.

스님의 천재성은 유학 시절에도 유감없이 발휘되었는데, 한 번

들으면 두 번 다시 잊어버리지 않았으며, 어학을 공부함에 있어서도 산스크리트어, 티베트어 등 6개 국어에 능통하였다. 스님의 어학실력은 중국의 유명한 역경가였던 현장법사가 번역한 『반야심경』의 잘못된 점을 지적할 정도로 탁월했다.

원측스님은 중국에서 세수 84세로 입적할 때까지 당시 실권자였던 측천무후의 지원을 받아 현장법사 이후의 중국 불경 번역사업을 관할했으며 인도의 뛰어난 스님들이 중국에 올 때마다 그들을 맞이하는 등 혈혈단신 중국에 건너간 우리나라의 불교학자로서 중국 불교계의 대표에까지 올랐다.

현장스님이 인도로부터 귀국하였을 때의 일이다.

원측스님은 『유가론』, 『성유식론』 등 대소승경론을 현장스님으로부터 배우지 않아도 스스로 깨달아 그 의미를 이해하였다. 현장스님의 제자였던 규기스님이 이해하기도 전에 먼저 강의를 시작하자, 규기스님은 현장스님에게 불평을 하였다. 그래서 현장스님은 중국 불교학이 신라인에 의해 주도될 것을 염려하여 중국계 제자였던 규기스님에게만 인도 논사들의 저서를 강의해 주었다고 한다. 그러나 원측스님은 현장스님의 강의 때마다 법당 문틈으로 듣고는, 규기스님이 이해하기도 전에 해석서를 지어 강의를 하곤 했다고 전한다.

원측스님은 당대의 모든 불교 사상을 섭렵한 데다 스승인 현장스님의 신유식학을 융합하여 당시의 불교계를 선도했다.

지금도 남아있는 원측스님의 『해심밀경소(解深密經疏)』는 중국, 일본 등 동아시아를 통틀어 현재까지도 가장 탁월한 유식학 연구서로 평가받을 만큼 그의 학문적 성과는 대단하다. 원측스님의 가르침은 신라 뿐만 아니라 이웃나라인 일본, 티베트에까지 영향을 미쳤다.

원효대사

원효(元曉 : 617~686)대사는 신라 진평왕 39년에 지금의 경상북도 경산군의 자인면에서 태어났다. 속성은 설씨이며 이름은 서당, 원효는 그의 법명이다.

신라의 승려로 우리나라 불교 역사상 가장 위대한 고승의 한 사람으로 한국은 물론, 중국, 일본에까지 널리 알려진 분이며, 학자로서 뿐만 아니라, '해동(海東)의 석가모니' 라는 칭호까지 받은 분이다.

그의 출생상황은 신기하게도 인도의 석가모니 부처님과 비슷하다. 유성이 뱃속으로 들어와 아기를 잉태한 이야기, 친정집으로 가던 도중 아랫배가 아파 밤나무 밑에서 쉬다가 갑자기 산기가 있어

남편의 옷을 그 밤나무에 걸어놓은 채 해산한 이야기 등은 거의 부처님의 일대기와 유사하다.

원효대사 또한 일찍이 어머니를 여의었다. 그는 어려서부터 철학적인 사색을 즐겨하였으며, 재주가 남달리 뛰어나 스승에게 배우지 않아도 스스로 깨우쳤다고 전해진다. 당시의 다른 청소년들처럼 화랑이 되어 학문은 물론, 궁술, 검술, 기마술 그리고 풍류 등을 익혔으며 백제와의 전투에도 참가하였다. 전투에서 동료들이 죽어가는 것을 직접 목격한 그는 삶에 대한 깊은 반성과 허무를 느껴 스물 아홉 살이 되던 해 황룡사에서 불교에 귀의하였다.

그는 전국을 두루 다니면서 불교의 진리탐구에 매진하였으며 장차 이차돈 같은 고승이 되리라고 마음먹었다. 그는 한편으로 어려운 사람을 돌보아 주고 병든 사람을 불공으로 치유하는가 하면, 노인을 공경하고 어린아이를 귀여워했다. 그의 설법을 듣기 위해 몰려드는 사람들로 인하여 그가 살던 집을 헐어 세운 초개사는 난데없이 붐비기도 했다.

이 무렵 그는 불법을 더 깊이 공부하기 위해서 의상대사와 함께 당나라 유학을 결심하였다. 원효대사의 나이 서른 세 살이었다. 그러나 당나라를 지척에 둔 요동 근처에서 고구려의 순찰대에 붙잡혀 첩자 혐의로 심문을 받고 얼마 후 풀려나서 귀국하고 말았다. 그로부터 10여 년 후 신라가 백제를 병합한 다음해인 661년, 이번에는 바다를 건너 당나라로 가기 위해서 의상과 함께 서해안에 당도했다. 두 스님은 해변에서 상선을 기다리던 중 해가 저물어 어둠 속을 방황하다가 산 속 빈 초막을 찾아들어가 잠들게 되었다. 하룻밤 지낼 곳을 찾기는 했으나 심한 갈증을 느껴 잠을 깬 원효대사는 어두운 주위를 더듬다가 무슨 그릇에 물이 있음을 알고 그 물을 마셨다. 그리고는 다시 잠들었다. 잠에서 깨었을 때는 해가 이미 중천에 떠올라 있었는데 주위를 살펴보니 그가 잠들었던 곳은 초막이 아니라 무덤이었고 맛있게 먹었던 물은 해골에 괴인 썩은 물이었다. 그것을 알자마자 오장이 뒤집혀 뱃속에 든 것을 모두 토해내고 말았다.

이때 원효대사는 이 세상 모든 것이 오직 마음 하나에 달렸다고 하신 부처님의 말씀을 깨닫고 "내가 미처 깨닫지 못하고 법을 구하러 당나라에 들어가려 하였으나 이제 구태여 당나라에 갈 필요가 없게 되었다."라고 생각하고 유학을 포기하였다.

홀로 경주에 돌아온 원효대사는 어떤 계율이나 형식에도 얽매이지 않고 자유롭게 생활하였다. 당시 엄한 계율에서 벗어난 스님의 생활은 주위 사람들로부터 '파계승' 이라는 비난을 받았다. 그러나 스님은 이에 대해 "더러움과 깨끗함이 따로 있는 것은 아니다. 속된 것과 참된 것 역시 따로 떨어져 있는 것이 아니다."라며 맞섰다.

원효대사는 백성들 가운데 파고 들어가 불교를 쉽게 이해시키고자 한 분이다. 광대와 같은 복장을 하고 표주박을 두드리면서 대중들에게도 부처님의 가르침을 노래하는가 하면 거지들과 한데 어울

려 잠을 자기도 하며 귀족들 틈에 끼어 기담(奇談)으로 날을 새우기
도 하였다. 때로는 깊은 산중의 암자에서 꼼짝하지 않고 좌선으로
지낼 때도 있었으며 무애당(無碍堂)에서 홀로 밤을 새우며 저술에
골몰하기도 하였다.

의상대사

의상(義湘 : 625~702)대사는 신라시대의 고승으로 속성은 김씨이며 신라의 귀족 한신의 아들로 태어나 한국 화엄종의 시조가 된 스님이다. 그는 일찍이 문무를 겸비하여 화랑도에 들어가서 낭도(郎徒)를 지도하며 귀공자로서 청춘을 멋지게 즐기다가 우연히 인생무상을 느끼고 20세가 넘자 경주 황복사로 출가하여 스님이 되었다.

의상대사는 당시 당나라에서 화엄교학이 크게 일어나고 있다는 소문을 듣고, 친형님처럼 따르던 원효대사는 함께 당나라로 유학을 떠났다. 그러나 고구려의 순찰군에게 붙잡힌 두 스님은 첩자로 오인 받아 수십 일 동안 잡혀 있다가 신라로 돌아왔다. 두 스님은 10년 뒤인 661년에 다시 당나라 유학길에 올랐다. 당시 원효대사는 한밤의 해골물 한 모금에 도를 깨달아 신라로 돌아왔지만, 의상대사는 죽음을 무릅쓰고 당나라로 들어가는 상선을 타고 중국 양주 해안, 지금의 산동반도에 상륙하였다.

의상스님은 양주 해안에 상륙은 하였으나 언어도 생소한데다 여비까지 없는 처지였으므로 이리저리 걸식을 하게 되었다. 그런데 그 때 어떤 거사가 스님의 용모와 기상이 훌륭함을 보고 자기 집으로 안내하였다. 그는 양주의 총관으로 지방을 다스리는 감독관 유지인이었다. 스님은 병이 들고 몸이 피곤하여 독실한 불교신자인 유거사의 집에서 오래 머물게 되었다.

그런데 유거사에게는 선묘(善妙)라는 딸이 하나 있었다. 그녀는 날씬한 몸맵시에 얼굴이 비할 데 없이 아름다운 처녀였다. 그녀는 의상스님을 한 번 보고 흠뻑 반하여 연모하게 되었다. 스님이 몸을 다스릴 수가 없을 정도로 병이 중해 드러누웠을 때 선묘는 자진하여 약도 달여주고 잔시중을 들며 옆에서 잠시도 떠나지 않고 온 정성을 다했다.

선묘의 열렬한 애정에도 불구하고 의상대사는 '이 몸이 부처님이 될 때까지 계율을 굳게 지켜 범하지 아니하리라. 오직 원컨대 모든 부처님은 굽어 살피소서. 차라리 죽으면 죽었지 파계는 하지 아니 하리다.' 는 수계의 맹세를 잊지 않았다.

선묘는 이러한 의상대사의 뜻을 움직일 수 없음을 알았다. 그러나 스님을 잊을 수는 없었다. 그래서 그는 마음을 돌리고 큰 원을 말하였다.

"스님께서 그처럼 불도를 위하여 계를 지키고 도를 구하시겠다고 하시니 어찌 스님의 거룩한 마음을 꺾으오리까? 그러나 저 역시 이 몸을 한 번 스님에게 바치기로 결심한 이상 어찌 다시 변할 수가 있겠습니까? 그 대신에 스님의 신자가 되어서 세세생생에 스님께 대승법을 배워서 대도를 성취하기로 결정을 하였습니다. 그런 즉 스님께서는 어서 하루 바삐 최상의 도를 깨치시어 박복하고 어리석은 저를 제도하시고 일체 중생을 제도하여 주시옵소서. 오늘부터 저는 스님의 제자가 되어서 스님에게 소용되는 일체의 물건을 공급하여 드리겠사오니 이것까지는 막지 마시옵기를 부탁합니다."

"선묘 아가씨, 고맙소. 아가씨가 그와 같이 발심하여 진심으로 나를 따르겠다고 하니 내가 어찌 그것이야 거절하겠소. 우리 두 사람이 합심하여 세세생생 불사를 이루어 봅시다." 의상대사는 이렇게 말하고 유총관의 집을 떠났다.

그리고는 당나라의 장안에 있는 종남산 지상사의 지엄스님에게서 오랫동안 화엄경을 공부하였다. 스님이 공부를 마치고 본국으로 돌아오려고 할 때에 마침 신라의 승상인 김인문이 당나라로 들어왔다. 그런데 당나라 고종은 그를 잡아 가두고 신라를 쳐들어가려고 하였다. 이에 김인문은 의상대사를 통해 몰래 이 사실을 신라왕에게 아뢰게 했다. 급히 귀국길에 오른 의상대사는 선묘아가씨의 맹세와 발원으로 무사히 신라의 해변에 도달할 수 있게 되어 당의 침략을 사전에 예방할 수 있었다.

신라로 귀국한 의상대사는 관세음보살의 진신이 항상 계신다는 동해의 관음굴에서   스스로 지은 『백화도량발원문』을 마음으로 염하고, 쉬지 않고 관세음보살을 찾아 염불 정진하여, 마침내 관음진신을 친견하고 우리나라 제1의 관음성지인 낙산사를 창건하였다.

그 뒤 의상대사는 용으로 변한 선묘의 신통력으로 5백 명의 도둑을 물리치고 영주 봉황산 중턱에 부석사를 세우는 등, 전국의 산천을 두루 다니면서 화엄사상을 펼 터전을 마련하였다. 지금도 부석사의 무량수전 뒤에는 부석(浮石)이라는 바위가 있는데, 이 바위가 선묘용이 변화했던 바위라고 전한다.

중국인들로부터 보살의 화현이라고 칭송을 받았던 의상대사는 부석사를 중심으로 화엄종을 크게 선양하였으며 그의 제자는 당시 삼천 명이 넘었다고 한다. 평생을 화엄교학의 선양과 중생교화에 헌신한 스님의 사상은 당시 신라가 통일 전쟁을 수행하는 과정에서 진골 귀족 세력을 억누르고 중앙 집권적인 체제를 구축하려는 신라 중대 왕실의 이념적인 역할을 담당했으며, 당시 통일 전쟁이라는 현실적인 상황 속에서 신앙적 구원을 갈망하는 일반 민중들의 고난에 대한 해답을 제시하고 있다는 점에서 큰 의의가 있다고 할 수 있다.

한편 의상대사는 본국으로 돌아오려 할 때에 스승인 지엄 스님에게 화엄경의 골자를 간추려 7언 30구 210자로 된 법계도송을 짓고 또 법성게도라는 그림을 그려 바쳤다.

　지금도 『화엄일승법계도』라는 이름으로 널리 알려진 이 법성게는 전국의 각 사찰에서 법요의식이 있을 때마다 독송되고 있다.

대각국사

교(敎)를 배우는 자는 내(內)를 버리고 외(外)를 구하며
선(禪)을 익히는 사람들이 인연이론(因緣理論)을
잊어버리고 내조(內照)만 좋아하나니
이 모두가 한쪽으로 치우쳐 잘못된 것이다.

대각(義天 : 1055~1101)국사는 고려 문종의 넷째 왕자로 태어났다. 11세에 출가하여 47세로 입적할 때까지, 오직 전법을 발원하며 일생을 수행과 학문에 전념하였던 고려 전기의 대표적 고승이면서 탁월한 불교학자이다. 그는 대승과 소승의 경·율·론 삼장은 물론 유교의 전적과 역사서적 및 제자백가의 사상에 이르기까지 섭렵하지 않은 바가 없었다.

의천스님은 1085년 송나라로 유학을 떠나 화엄의 깊은 사상과 천태사상 등 5종의 종학을 전수하였다. 당시 중국에는 13종의 종학 가운데 천태종 학자는 천태학, 법상종 학자는 유식학만을 각각 전공하는 것이 일반적이었다. 한 학자가 두 종류 이상을 전공한다는 것은 흔한 일이 아니었다. 그럼에도 불구하고 대각국사는 짧은 기간동안 중국 불교 철학의 쌍벽을 이루고 있는 천태종과 화엄종의 사상 등을 동시에 연구하고 돌아온 것이었다.

비록 왕자의 신분 때문에 구법 활동에 많은 제약을 받아 1년 만에 귀국하였지만, 대각국사는 귀국한 뒤 흥왕사의 주지가 되어 천태교학을 정리하고 제자들을 양성하는 한편, 송나라의 고승들과 서적·편지 등을 교환하면서 학문에 더욱 몰두하였다.

특히 대각국사는 흥왕사 주지로 있으면서 당시 요나라, 송나라, 일본 등에서 불교서적 4천여 권을 수집하고 국내의 고서도 모았으며, 흥왕사에 교장도감(敎藏都監)을 설치하고 이들 경서를 간행하였다. 그리고 간행목록으로『신편제종교장총록(新編諸宗敎藏總錄)』 3권을 편집하였다. 흥왕사의 교장도감에서는 이 목록에 의하여 경전을 간행하였는데, 이를『고려속장경(高麗續藏經)』이라고 한다.

또한 의천스님은 1097년 숙종 2년 2월에 국청사가 완성되자, 같은 해 5월에 제1대 주지가 되어 천태교학을 강의함으로써 처음으로 우리나라에 천태종을 개창하였다. 원래 대각국사는 화엄종 계통의 스님이었다. 그럼에도 불구하고 그가 천태교학을 열심히 연구하고 천태종을 세우게 된 까닭은 선(禪)과 교(敎)의 화합을 도모하기 위해서였다. 고려불교의 폐단을 바로잡아 교단을 정리하고 정도를 밝혀 올바른 국민사상을 확립시키려고 하였는데, 그러한 근본이념을 천태사상에서 발견하였던 것이다.

이와 같이 선종과 교종이 자기의 것만을 주장하는 폐단을 타파하

고 모든 종파가 대동단결할 수 있는 이론적 체계를 담고 있는 대각
국사의 교학사상은 고려 천태종을 중심으로 실천되었으며, 보조국
사 지눌스님의 정혜쌍수(定慧雙修)와 함께 우리나라 불교의 뚜렷한
전통이 되어 이어지고 있다.

이차돈

모든 것 중에서 가장 버리기 어려운 것이 목숨이지만,
이 몸이 저녁에 죽어 아침에 불교가 행해진다면 아까울 것이 있으랴!

이차돈(異次頓 : 506~527)은 신라 습보갈문왕(習寶葛文王)의 증손으로 속성이 박씨이며, 염촉(厭觸)·염도(厭都)라고도 한다. 그는 스님은 아니나 스님 이상으로 불법을 위하여 몸을 바친 인물이다.

그는 불교를 국교로 공인한 신라 제23대 법흥왕의 신하로서 일찍부터 불교를 신봉하였다. 절개가 곧은 충신으로 벼슬은 비록 낮은 등급의 관리였지만 국왕이나 왕자를 곁에서 모시기 때문에 나름대로 중요한 직책이었다.

당시 법흥왕(재위 514~540년)은 불교를 국교로 삼고자 하였으나 재래의 토착신앙에 익숙한 조정 신하들의 반대로 뜻을 이루지 못하고 있었다. 비록 왕이라 하더라도 보수적인 토착 귀족 세력의 눈치를 살피지 않을 수 없었다.

법흥왕은 이런 체계로는 새로운 사회 변동에 대처할 수 없다고 생각하였다. 게다가 일찍부터 고구려와 백제는 불교라는 이념을 통하여 사상적 통일을 도모하고 있다는 사실도 알고 있었던 법흥왕은 불교를 국가이념으로 삼아 국가 체제와 왕권을 강화하고자 하였다.

그러던 어느 날 법흥왕은 여러 신하들에게 말했다.

"나는 백성들이 복을 받아 평화롭게 살기를 원하오. 그러기 위해서는 불교를 받아들여 부처님을 섬겨야 할 것 같소."

그러나 신하들은 아무도 그러한 임금님의 뜻을 헤아리지 못했다. 그래서 임금님은 한숨을 쉬며 탄식을 했다.

"나는 불교를 받아들여 백성들에게 마음의 평화를 주고 싶은데 나와 뜻을 같이 할 사람이 아무도 없단 말인가?"

이차돈은 임금님의 뜻을 알아차리고 이렇게 아뢰었다.

"제게 임금님의 뜻을 거역했다는 죄목을 씌워 저의 목을 베도록 하면 모든 백성들이 임금님의 말씀을 따르게 될 것입니다."

하지만 법흥왕은 이차돈의 뜻을 받아들이지 않았다.

"나의 뜻은 모든 백성을 평화롭게 하자는 것인데 어찌 죄 없는 사람을 죽일 수 있겠는가?"

그러나 이차돈은 뜻을 꺾지 않고 다시 아뢰었다.

"저 하나 죽음으로써 불교가 널리 퍼지고 모든 백성이 불교를 믿게 된다면 나라는 물론 임금님의 마음도 편안해질 것입니다."

그 다음 날부터 이차돈은 왕의 명령이라며 절을 짓기 시작했다.

그러자 신하들은 쏜살같이 임금님에게로 달려갔다.

"우리 신라는 조상들의 덕으로 이만큼 컸는데 조상을 버리고 부처님을 섬긴다는 것은 있을 수 없사옵니다."

"이차돈에게 절을 짓도록 하신 것은 올바른 처사가 아닌 줄 아옵니다."

신하들은 모두 입을 모아 절을 세워서는 안 된다고 말했다.

그러자 임금님은 큰소리로 말했다.

"나는 그런 명을 내린 적이 없소. 허튼 거짓말을 퍼뜨린 자가 누구인지 당장 잡아다가 엄벌에 처하도록 하시오."

마침내 이차돈의 목은 칼로 베어졌다.

불교의 공인을 주장하던 끝에, 527년 순교를 자청하고 나선 이차돈은 만일 부처님이 계신다면 자기가 죽은 뒤 반드시 기이한 일이 있으리라고 예언하였다. 예언대로 머리는 수십길이나 솟구쳐 날아가 북산의 서령에 떨어지고 그의 잘린 목에서 흰 피가 나오고 하늘이 컴컴해지더니 꽃비가 내리는 기적이 일어났다. 왕과 신하들은 슬피 울며 불교를 믿겠다는 맹세를 하였다. 그리고 왕은 이차돈의 머리가 떨어진 곳에 백률사를 창건하였다.

신라는 법흥왕과 뜻을 같이하는 젊은 신하 이차돈의 순교가 있은 지 1년이 지나서 겨우 신하들의 반대를 누르고 불교를 국교로 공인하게 되었다. 신라에 불교가 유입된 지 100여 년만의 일이었다.

이차돈이 순교한 후 신라 불교는 고구려나 백제보다 더욱 발전하여 들판의 불꽃처럼 번져 나갔다. 열 집 건너 절 하나가 있을 정도였다. 천경림에는 대흥륜사가 장대하게 건축되고 법흥왕은 불심대왕(佛心大王)이라는 말까지 듣게 되었다.

법흥왕은 불법만이 아니라 나라를 다스리는데도 모든 제도를 쇄신하고 괄목할 만한 문화사업을 이룩하였다. 그러나 마음에는 항상 이차돈에 대한 생각으로 가득차 있었다. 살신성인의 모습으로 충신의 모습을 보였던 그의 명복을 빌기 위하여 불전에 자주 기도를 드렸다. 그러나 자신이 스님이 되어 명복을 빌어 주는 것만 같지 못하다고 생각한 끝에 즉위 23년에 마침내 왕위를 버리고 천경림의 대흥륜사에 들어가 머리를 깎고 스님이 되었다. 법호를 법공(法空)이라 하고 부지런히 염불을 익힌 뒤 손수 목탁을 두드리며, 나라와 임금을 위하고 불법 홍포를 위하여 가엾이 죽은 이차돈의 젊은 넋을 천도하기 위하여 밤낮으로 염불을 외웠다고 한다.

일연스님

『삼국유사』의 저자로 널리 알려진 일연(一然 : 1206~1289)스님은 고려 말기 최충헌이 집권할 때의 스님으로 현재의 경상북도 경산에서 태양의 정기를 타고 태어났다.

일연스님은 열네 살 때에 구산선문의 하나인 가지산문의 개창자 도의스님이 계셨던 곳으로 유명한 설악산 진전사에서 출가하여 불가에 입문하였다. 가지산문에 입산한 이후 충렬왕의 명에 의해 운문사에 주석하시다가 국존(國尊)에 책봉되고 입적할 때까지 항상 사람됨이 과묵하여 허튼소리를 하지 않았다고 한다. 또한 스님은 모든 일을 가식 없이 진정으로 대했으며 항상 겸손함을 잃지 않았으며, 스스로 덕을 닦으며 수양하였다고 한다.

어느 날 일연 스님은 '생계불감(生界不減) 불계부증(佛界不增)'의 가르침을 홀연히 깨우침으로써 새로운 경지에 이르게 되었다. 즉, 죽는다는 것은 사라지는 것이 아니라, 부처님의 세계로 돌아가는 것이므로 줄지 않으며, 부처님의 세계는 돌아오기만 하는 것이 아니라, 이 세상에서 행한 일에 따라 다음 세상에 다시 태어나므로 늘지 않는다는 것이다.

일연 스님은 삶의 세계나 부처님의 세계는 돌고 돌아 어느 쪽이든 줄거나 늘지 않는다는 가르침을 깨우치자, 세상의 온갖 일에 조금도 꺼릴 것이 없게 되었다.

스님은 당시 많은 사람들로부터 존경을 받았다. 오묘한 불교의 이치를 막힘없이 강론하는 자리에는 항상 많은 사람들이 모여들어 깊은 감화를 받았으며, 희망과 위안을 받곤 했다. 이런 까닭으로 만년에는 극진한 예우와 화려한 생활을 누릴 수 있는 기회가 많았다. 일연스님이 궁궐에 드나들 때에는 조정 대신들이 옷자락을 걷어 올리고 예를 올렸다 하니, 그 영광은 임금 못지않았음을 알 수 있다.

그러나 일연스님은 온갖 영화를 누릴 수 있는 화려한 서울 생활에서 벗어나기를 원했다. 어머니에 대한 효성이 지극하였던 스님은 임금님의 극진한 만류에도 불구하고 결국은 노모가 계신 고향으로 돌아갔다. 그 곳에서 수행 정진하는 가운데 생애를 마감했다.

　일연스님은 젊은 시절부터 입적하실 때까지 세속적 욕심을 버리고, 열심히 수행하신 덕 높은 스님이었다. 그러나 무엇보다 중요한 것은 스님의 방대한 저서와 불교적인 업적이다. 일연스님이 쓴 책은 모두 100여 권이나 된다고 전하고 있으나, 현재는 『삼국유사』만이 남아서 귀중한 자료로 활용되고 있다.

자장율사

자장(慈藏 : 590~658)율사는 신라시대 고승으로 속성은 김씨이며, 신라의 진골 소판무림(蘇判茂林)의 아들이다.

무림은 일찍이 아들을 두지 못한 것을 한탄하다가 삼보에 귀의하여 천부관음을 조성하고 아들을 낳게 해 주면 불법의 홍포를 위하여 출가시킬 것을 부처님께 맹세하였다. 얼마 후 그 부인의 꿈에 큰 별이 품속에 떨어지는 것을 보고 잉태하여 열 달 뒤에 자장스님을 낳았는데, 이 때가 진평왕 29년 부처님의 탄신일과 같은 4월 초 8일이었다.

자장스님은 어려서부터 천성이 맑고 슬기로워 학문을 깊이 닦아 익혔으며, 어버이를 여읜 뒤부터 깊은 산으로 들어가서 고골관(枯骨觀)*을 닦았다. 조그만 집을 지어 가시덤불로 둘러막고 벗은 몸으로 그 속에 앉아 움직이기만 하면 곧 가시에 찔리도록 하였고,

공부를 하다가 몹시 졸릴 때는 끈으로 머리를 천장에 매달아 정신
의 혼미함을 물리쳤다. 자장율사는 세상과 왕래를 완전히 끊고 더
욱 수도에 정진하여 앉아만 있었다. 양식이 떨어져 없을 때는 이상
한 새가 산의 과실을 물고 날아와서 스님의 손에 놓아주고 갔다고
한다.

자장율사는 천신에게서 오계를 받은 뒤에 산에서 내려와 한 달
동안 계를 설하였다고 한다. 그때 조정의 재상 자리가 비어 그를
기용하려 하였으나 부름에 응하지 않았으므로, 왕은 취임하지 않
으면 곧 목을 베라는 엄한 명을 내렸다.

스님은 왕의 칙명을 듣고, "내 차라리 계(戒)를 지키고 하루를 살
지언정 계를 깨뜨리고 백년을 살기를 원하지 않는다."고 하였다.
이 말을 전해들은 왕은 출가를 허락하였다.

또한 자장율사는 신라 선덕여왕의 명으로 636년 제자 10명과 당
나라에 들어가 황제의 존경을 받고 날마다 천여 명의 사람들에게
계를 설하여 주었다. 얼마 뒤 스님은 청량산에 들어가서 큰 못가에
계신 문수보살 앞에 기도하고 가사(袈裟)와 사리(舍利)를 받았다.
그 뒤 스님은 다시 종남산 운제사로 들어가서 바위 사이에 암자를
짓고 들어앉아 수도를 하였다. 이때 계를 받으러 오는 천신과 사람
이 물밀 듯 하였다고 한다.

643년 선덕여왕이 자장율사의 귀국을 정식으로 요청하자, 스님
은 7년 만에 본국으로 돌아왔다. 이때 황제는 섭섭함을 이기지 못

하여 채단 500필을 선사하고 다시 큰 법회를 열어 마지막으로 당나라 사람을 교화케 하였다. 그리고 스님은 본국에 경전과 불상들이 아직 미비함을 걱정하여 나올 때 경전과 불상 등을 가지고 신라로 돌아 왔다.

스님의 귀국은 왕실을 비롯한 온 나라를 떠들썩하게 만들었다. 당시 선덕여왕은 스님을 대국통(大國統)으로 삼아서 분황사에 머물게 하였으며, 궁중에서 대승론(大乘論)을, 황룡사에서 보살계본(菩薩戒本)을 강론하면서 스님들의 일체 행동을 총괄하게 하였다.

그 결과 신라에는 많은 사람들이 거의 계를 받고 부처님을 받들지 않는 이가 없었으며 머리를 깎고 도첩(度牒)을 청하는 이가 날로 늘게 되었다. 이에 선덕여왕 15년 서기 646년에는 통도사를 창건하여 금강계단(金剛戒壇)을 열어 스님들에게 수계법회를 처음으로 여법하게 봉행하여 모여드는 대중을 교화하였다.

* 우리 몸은 온갖 불결한 것을 배출하고, 불결한 것을 싸고 있고, 필경 죽게 되면 썩어서 앙상한 뼈다귀만 남게 된다고 관함으로써 우리 몸에 대한 과도한 애착이나 이성에 대한 욕정을 이겨내고 나아가서 무상을 깨닫게 하는 수행관법의 하나다.

보조국사

대한불교 조계종의 중흥조이신 보조국사 지눌(普照國師 知訥 ; 1158~1210)스님은 속성이 정씨이며, 자호는 목우자(牧牛子)로 황해도 서흥에서 태어났다.

스님은 태어날 때부터 허약하고 병이 잦아 백방으로 약을 구하여 썼으나 효험이 없자, 그의 아버지는 불전에 기도를 올려 병만 나으면 자식을 부처님에게 바치겠다고 맹세하였다. 실제로 병이 완쾌되어 8세 되던 해 그는 구산선문 가운데 사굴산문의 법맥을 이은 종휘선사의 문하에 출가하였다. 하지만 배움에는 일정한 스승이 없다고 여겨 가르쳐 주는 사람은 모두 스승으로 여기고 열심히 용맹 정진하였다고 한다. 그리하여 1182년 승과에 급제하였다.

당시의 불교계는 선종과 교종의 대립이 심각하였다. 이에 보조국사는 선과 교가 모두 부처님으로부터 비롯된 것인데 어찌 서로 담만 쌓고만 있는가를 의심한 나머지, 3년 동안 노력한 끝에 『화엄경』의 「여래출현품」에서 "여래의 지혜가 중생의 몸 가운데 있건만 어리석은 범부는 스스로 알지 못하도다."라는 구절에 이르러 크게 깨닫고, "부처님의 말씀이 교가 되고 조사께서 마음으로 전한 것이 선이 되었으니, 부처님나 조사의 마음과 말씀이 서로 어긋나지 않거늘 어찌 근원을 추구하지 않고 각기 익힌 것에 집착하여 부질없이 쟁론을 일으키며 헛되이 세월만 소비할 것인가."하며 선교일원(禪敎一元)의 원리를 발견하였다.

또한, 보조국사는 부처님과 조사의 마음과 말씀이 둘이 없는 원칙에서 선교불이(禪敎不二)의 원리를 발견하고, 마치 원수처럼 등을 지고 있던 종래의 선교양종에 대하여 선교합일 회교귀선(會敎歸禪)이라는 우리나라 불교의 특수한 종지를 확립하기에 이르렀다. 그리고 『권수정혜결사문(勸修定慧結社文)』이라는 결사문에서 마음을 바로 닦음으로써 미혹한 중생이 부처님으로 전환될 수 있음을 천명하고, 그 방법은 정(定)과 혜(慧)를 함께 닦는 정혜쌍수에 있다고 하였다.

보조국사의 이러한 정혜결사운동*은 당시로서는 정법불교로의 복귀 작업이었다. 스님의 결사문은 부패하고 타락된 당시의 불교 현장을 이념적 또는 형태적으로 혁신하고 재건하기 위한 일대 선언서였다.

스님은 10여 년 동안 송광사를 중심으로 새로운 선풍을 일으키다
가 1210년 3월 27일 대중들과 함께 선법당에서 문답을 끝낸 뒤 "천
가지 만 가지가 모두 이 속에 있다."는 말을 남긴 다음 법상에 앉아
입적하였다.

보조국사께서는 다음과 같은 말씀을 하셨다.

"요즘 경을 배우는 많은 사문들은 목숨을 버리고 도를 구하면서
모두 밖의 상에 집착하여 서방을 향해 소리를 높여 부처님을 부르
는 것으로 도의 실천을 삼는다. 지금까지 마음자리를 깨달은 부처
님과 조사들의 비결을 이름과 이익을 위한 학문이라 하거나, 또한
분수에 맞지 않은 경계라고 하면서 생각에 두지 아니하고 일시에
버린다.

한갓 영리한 생각으로 평생의 노력을 헛되이 쓰면서, 마음을 등
지고 상을 취하면서 성인의 가르침에 의지한다 하니, 지혜 있는 사
람으로서 어찌 슬퍼하지 않겠는가."

* 정혜결사운동은 당시에 극히 세속화되고 미신화된 '호국기복불교', '우상불교'에서 현실적으로
안심입명하고 구세제중(救世濟衆)하는 '정법불교'의 복귀운동이며, '형식불교', '가면불교'에서
진실한 출세간의 길을 밟아 성불도생(成佛度生)의 사명을 수행할 수 있는 '수행불교'의 재건운동
이며, 퇴폐하고 변질되어 버린 '궁중불교' '관권불교'에서 참신하고 생명 있는 '민간불교' '대중
불교'의 건설운동이다.

혜초스님

보리사가 멀다고 근심할 것 없었는데
녹야원이 먼들 어찌하리오.
다만 멀고 험한 길이 근심이 되나
불어 닥치는 악업의 바람은 두렵지 않네.
여덟 개의 탑을 보기 어려움은
여러 차례의 큰불에 타 버렸음이라.
어찌해서 사람들의 소원을 들어주거나
오늘 아침부터 이 눈으로 똑똑히 보오리.
――『왕오천축국전』

『왕오천축국전』으로 널리 알려진 혜초(慧超 ; 704~787)스님은 신라인으로 인도를 구법 여행한 최초의 스님이다. 당시 대부분의 신라 유학승들은 당나라에 머물면서 덕망과 지식이 높은 스님을 찾아 수행하였다. 그러나 혜초스님은 불교성지에의 그리움과 열렬한 구법의 정신에서 당나라를 거쳐 인도를 찾았던 것이다.

혜초스님이 당시 인도 구법을 결심하게 된 것은 스승인 금강지의 권유 때문이었으리라 생각된다. 혜초스님은 어렸을 때 중국에 건너가 곧바로 남인도 출신 승려인 금강지에게서 직접 밀교를 배웠기 때문이다.

스승의 권유 때문이라고 해도 지금으로부터 1천 3백여 년 전에 신라에서 인도를 찾았다는 일은 쉬운 일이 아니었을 것이다. 단지 교통이 불편하였기 때문만이 아니라, 인도가 매우 넓은 땅이므로 그 나라를 두루 살피고 다시 돌아오기란 정신적 신체적 용기 없이는 힘든 일이기 때문이다.

물론 당시 중국에는 상당수의 인도 순례승들이 있었다. 그러나 신라의 혜초스님은 당시 여러 인도 순례승 중에서도 가장 그 이름이 널리 알려져 있다. 그 이유는 당시 중국의 법현스님이나 현장스님과는 달리 혜초스님은 바닷길을 통해 갔다가 육로로 돌아 왔던 것으로 추정되기 때문이다. 그 당시 혜초스님은 만 4년 동안 인도를 여행하였고, 지금의 카슈미르, 아프가니스탄, 중앙아시아 일대까지 약 8년 동안 답사하였다.

혜초스님의 여행기는 북인도의 쿠쉬나가라에서 시작된다. 이곳은 불교의 교조인 석가모니가 열반한 땅으로서, 불교인들이 가장 성스럽게 여기는 성지 중의 하나다. 그는 이곳의 모습을 가리켜 성은 황폐하고 사람은 살고 있지 않다고 하였는데, 이 기록은 그 당시 인도 불교의 쇠퇴한 모습을 전해 준다.

혜초스님은 다시 이곳에서 남하하여 갠지스 강변에 자리 잡은 베나레스에 이르렀다. 그는 이곳에서 외도가 성행하고 있는 모습을 보았다. 또 스님은 이곳에서 멀지 않은 최초의 설법지인 녹야원을 찾았다. 그리고는 마침내 석가모니가 성도한 부다가야에 이르렀다. 그곳에는 보리사가 자리 잡고 있었는데, 이곳을 떠난 혜초스님은 남인도와 북인도를 거쳐 마침내 727년 당나라의 서쪽 끝에 있는 안서 도호부에 당도하여 여행기의 막을 내렸다.

혜초스님이 남긴 여행기『왕오천축국전』은 그동안 비밀에 묻혀 있었다. 그러나 1908년 불란서의 동양 학자 펠리오에 의해서 중국 서쪽, 돈황의 천불동 석실에서 수많은 고문서와 함께 그의 여행기가 발견됨으로써 그 가치가 밝혀지고 세상에 빛을 보게 되었다.

인도 여행 후 다시 중국 장안으로 돌아온 혜초스님은 733년 장안의 천복사에서 도량을 열고 스승인 금강지와 함께 밀교경전을 연구하였다. 금강지가 입적한 후에는 불공으로부터 다시 이 경전의 강의를 받고, 774년 가을 대흥선사에서 다시 역경을 시작하였다. 이때 혜초 스님은 불공의 6대 제자 가운데 제2인자로 유촉을 받아 중국 밀교의 법맥은 금강지-불공-혜초로 이어지게 되었다.

제3장 조선·근세 선지식

태어남은 한 줄기 맑은 바람이 이는 것.
죽음이란 달그림자가 못에 잠기는 것.
나고 죽고 오고 감에 걸림이 없으며
다만 중생에게 보여 주는 그것이 참 사람일세.

— 나옹화상 —

나옹화상

나옹(懶翁, 1320~1376)화상은 1320년(고려 충숙왕 7년) 1월 15일 경상북도 영덕군에서 태어났다. 아버지는 궁중에서 제사와 큰 잔치가 있을 때 음식을 담당하던 관리로, 성씨는 아주 드문 아(牙)씨이고 이름은 서구였다. 어머니의 성은 정씨였다. 정씨가 하루는 황금빛의 새 한 마리가 날아와 입으로 머리를 쪼면서 알을 그의 품속에 떨어뜨리는 태몽을 꾸었다. 이 신기한 태몽의 인연으로 남자 아이를 낳으니, 이름은 원혜였다. 법명은 혜근(惠勤)이고, 호는 나옹

또는 강월헌이라 부른다.

나옹화상이 살던 시기는 국운이 기우는 고려국의 불운과 함께 불교 또한 사양의 길을 걷고 있을 때였다. 계속되는 기복적인 불사로 인해 경제적으로 어려웠고, 일부 유학자들에 의하여 불교에 대한 비판이 가중되어 열심히 수행 정진하는 스님들마저 곤경을 치러야 했던 시대였다.

어릴 때부터 영특한 머리와 재주로 주위 사람들을 놀라게 한 나옹화상은 어떤 일에 의문이 생기면 끝까지 질문하여 그 의문을 풀어야만 직성이 풀리는 성격을 지니고 있었다. 스물 한 살 때 친한 친구의 죽음을 보고서 죽은 후의 사후 세계에 대하여 물었으나, 모두가 모른다고 대답하자 이를 알고자 공덕산 묘적암의 요연선사를 찾아 출가의 길에 들어섰다.

이때 스승인 요연선사는 나옹화상에게 물었다.

"지금 내 앞에 와 있는 이 물건은 무엇인고?"

나옹화상이 대답한다.

"쉽게 말도 할 수 있고, 귀로 들을 수도 있으며, 두 다리로 걸을 수도 있습니다. 그러나 볼 수 없는 것을 보고 싶고, 찾을 수 없는 것을 찾고 싶습니다. 부디 어떻게 수도하고 정진해야 하는지를 알 수 없으니, 이를 어찌하면 하면 좋겠습니까?"

이에 요연스님은 나옹화상이 후에 큰 인물이 될 것임을 짐작하고 이렇게 대답했다.

"나도 역시 그대와 같이 그것을 모르고 있으니 다른 스승을 찾아 물어 보도록 하여라."이렇게 해서 첫 스승과 이별한 나옹화상은 선지식들을 찾아 공부의 길을 떠났다. 전국의 유명한 사찰을 편력하면서 정진하다가 1344년(충혜왕 5) 경기도 양주 천보산 회암사에서 크게 깨우친다. 그 후 1347년(충목왕 3) 원나라로 유학하여 연경에 있는 법원사에 머물렀다. 그곳에서 인도 스님인 지공(指空)화상을 만날 수 있었다.

지공화상이 물었다.

"그대는 어디에서 왔는고?"

"고려국에서 왔습니다."

"배를 타고 왔느냐? 육로로 왔느냐? 신통력을 부려 왔느냐?"

"신통력으로 왔습니다."

"그렇다면 지금 당장 내 앞에서 신통력을 보여 봐라!"

그러나 나옹화상은 그저 한 손으로 다른 한 손목을 움켜쥐고 있을 뿐이었다. 다시 묻기 시작했다.

"누가 그대더러 여기까지 오라고 하던가?"

"저 스스로 왔습니다."

"무슨 일로 왔는가?"

"후세 사람을 위하여 왔습니다."

이 일이 있은 후에 지공화상과 나옹화상은 각별한 스승과 제자 사이가 되었다. 지공화상과 중국 여러 선지식들에게서 10여 년간 공부한 후 고려로 귀국한 것이 1358년(공민왕 7년)이었다.

귀국 후 강원도 오대산 상두암에 은신을 한 적도 있었으나 전국 각지를 돌며 설법하면서 깨달음을 전했고, 많은 불사를 일으켜 침체하는 고려 불교의 발전을 크게 도모하였다. 나옹화상의 공적을 인정한 공민왕과 태후의 간곡한 청에 의하여 1371년 첫 번째 왕사로 임명되었고, 1374년에는 우왕에 의해 두 번째로 왕사로 모셔졌다. 1376년 5월 15일 양주 회암사에서 불사를 마치고 경남 밀양에 있는 영원사로 가던 도중에 병이 깊어져서 여주 신륵사에 잠시 머물다가 입적하니 나이 57세요, 출가한 지 37년째 되던 해였다.

나옹화상은 다음과 같은 임종게를 남겼다.

태어남은 한 줄기 맑은 바람이 이는 것.

죽음이란 달그림자가 못에 잠기는 것.

나고 죽고 오고 감에 걸림이 없으며

다만 중생에게 보여 주는 그것이 참 사람일세.

나옹화상이 활약한 시대는 무인정권으로 인한 사회적 격동과 원나라와의 전쟁에서 패하여 원의 간섭을 받게 되는 극도로 어려웠던 혼란기였다. 원의 간섭은 많은 변화를 가져왔는데, 새로운 권문세력이 등장하는 계기가 되었다. 이러한 사회 풍토 속에서 불교도 본질에서 다소 벗어나 정치적 현실 속에서 타협하고 안주하려는 경향이 강하였다.

이러한 시대에 나옹화상은 새로운 선풍의 진작을 통해 불교계의 변화를 꾀하고자 하였다. 그리하여 고려 말의 선풍은 나옹화상에 의하여 새롭게 선양되었다.

그의 많은 제자들 중 조선 태조 이성계의 왕사였던 무학대사가 유명하며, 고려 공민왕으로부터 하사 받은 금란가사가 금강산 유점사에 전한다고 한다. 저서로는 『나옹화상어록(懶翁和尙語錄)』 1권과 『가송(歌頌)』 1권이 전한다. 시호는 선각(禪覺)이다.

무학대사

무학(無學 : 1327~1405)대사의 성은 박씨로, 고려시대 몽고군이 침입했을 때 적군과 싸웠던 명장 박서의 5대손이다. 박서는 고려가 몽고에 항복하자 관직을 버리고 해인사에 칩거하면서 몽고군 격퇴를 기원하며 살았으며 후손들도 해인사가 있는 합천에 살며 불경과 도참사상을 공부하였다.

무학대사의 출생 설화에는 대사의 어머니가 빨래를 하러 갔다가 물에 떠내려 오는 오이를 먹고 처녀의 몸으로 아이를 잉태하여 낳게 되자, 부모가 아비 없는 아이라고 내다 버렸는데 학이 날개로 보호하여 구출되었다는 이야기가 전한다.

대사의 부모는 당시 해안은 물론 내륙지방까지 자주 출몰하던 왜구에게 끌려가다가 탈출하여 서산 안면도에 정착하여 가난하게 살았다. 아버지 박인일을 여의자 합천으로 돌아와 유학도 공부하고 지리산으로 가서 천문지리와 음양도참설을 공부하기도 하였다.

18세 되던 해 1344년(충혜왕 5)에 소지선사의 문하에 출가하였고, 용문산의 혜명국사에게서 법을 전해 받았다. 스님은 동자승 시절에 상추를 씻으러 냇가에 갔다가 해인사에 불이 난 것을 알고 물을 뿌려 불을 껐는데, 그 사실을 의심한 주지스님이 직접 해인사에 가서 확인하였다는 이야기는 너무나 유명하다.

1353년(공민왕 2년) 원나라 연도(燕都)로 가서 인도승 지공화상을 만나 도를 인정받았다. 이듬해 법천사에서 나옹화상을 만났는데, 나옹화상은 그가 큰 그릇임을 간파하였다. 1356년 나옹화상을 하직하고 귀국하였으며, 나옹화상 역시 귀국하여 천성산 원효암에 머물렀다. 1359년 다시 나옹화상을 찾아가자 스님은 법을 전하는 표시로 불자(拂子)를 주었다. 그 뒤 나옹화상이 신광사(神光寺)로 자리를 옮기자 찾아갔는데, 그곳 대중 속에 자기를 꺼리는 사람이 있음을 보고 고달산(高達山)에 들어가 암자를 짓고 살았다. 1376년 (우왕 2년) 회암사를 크게 중창한 나옹화상은 그를 불러 수좌(首座)로 삼고자 하였으나 굳이 사양하였다. 그해에 나옹화상이 입적하자 전국의 명산을 두루 돌아다니면서 자취를 감추었으며, 공양왕이 왕사로 삼고자 하였으나 끝내 응하지 않았다.

1384년(우왕10년) 태조 이성계는 전라북도 금마에서 함경북도 학성으로 옮겨와 초가집을 짓고 살고 있었다. 어느 날 꿈을 꾸었는데, 꿈속에 일만 집의 닭이 일시에 울고 일천 집에서 다듬이 소리가 울리는 것이었다. 또 다 무너진 집에 들어가 서까래 세 개를 짊어지고 나왔다. 꿈에서 깨어난 이성계는 수소문 끝에 9년 동안이나 움직이지 않고 수행에만 전념하고 있다는 무학대사를 찾아 꿈풀이를 간청하였다. 이에 무학대사는 꿈이야기를 다 듣고 나서 정색을 하고 말하였다.

"그 꿈은 보통 꿈이 아니고 장차 임금이 될 꿈입니다. '꼬끼오' 닭 울음소리는 고귀한 자리를 나타내며, 서까래 세 개는 왕(王)자를 의미하는 것으로 곧 임금이 된다는 뜻이니, 아무에게도 입 밖에 내지 말고 이 자리에 절을 짓고 이름을 석왕사라 지으시오."라고 말하였다.

이성계는 스님의 충고대로 1년 안에 석왕사를 짓고 훗날 왕위에 올라 1392년(태조 1년) 겨울에 무학대사를 왕사로 책봉하고 '대조계종사 선교도총섭 전불심인 변지무애 부종수교 홍리보제 도대선사 묘엄존자(大曹溪宗師 禪教都摠攝 傳佛心印 辯智無碍 扶宗樹教 弘利普濟 都大禪師 妙嚴尊者)'라는 호를 내렸다. 이때 무학대사는 태조에게 유교는 인(仁)을 말하고 불교는 자비를 가르치지만 그 작용은 하나라는 것과 백성을 자식처럼 보살필 때 백성의 어버이가 되고 나라는 저절로 잘 다스려질 수 있음을 설법하였다. 그리고 죄를 지어 옥에 갇힌 사람들을 용서하여 새로운 삶을 열어줄 것을 청원하였다. 태조는 그 청에 따라 죄수를 사면하였고, 그를 회암사에 머무르게 하였다. 이처럼 무학대사는 태조가 조선을 건국하는 데 큰 힘을 실어주었다.

1393년 왕도(王都)를 옮기려는 태조를 따라 계룡산과 한양 등을 돌아다니며 지세를 살피고, 마침내 한양을 도읍으로 정하는 데 찬성하였다. 그러나 스님은 인왕산을 궁궐의 뒷산으로 삼아야 한다고 주장하였지만, 북악산을 고집하는 정도전의 주장에 밀리고 말았다. 불교를 배척하고 성리학을 지배이념으로 채택한 조선왕조에서 스님은 뜻을 마음껏 펼칠 수는 없었지만, 그 어려운 상황 속에서도 불교의 법등이 꺼지지 않도록 안간힘을 썼다. 지고스님과 혜근스님의 부도탑을 세우고 큰 불사를 한 것도 그런 이유에서였다. 스님은 권력 주변의 암투를 피하여 마침내 모든 직책을 버리고 다시 수행에만 전념하다가 1405년 금강암으로 옮겨 그곳에서 나이 78세, 법랍 62세로 입적하였다.

무학대사는 조선이라는 새나라 건국의 한 주체였지만, 고려말 때와 한결같이 추호도 기득권에 안주하지 않았다. 현실의 개혁에 적극 참여하였지만 일을 억지로 하지 않았으며, 늘 겸허하고 청렴하고 소박했다.

무학대사의 저서로는 『인공음(印空吟)』 1권이 있었다고 하나 전하지 않으며, 『무학대사어록(無學大師語錄)』 1권도 발견되지 않고 있다. 현존하는 분명한 저서로는 『불조종파지도(佛祖宗派之圖)』가 있다.

서산대사

서산대사(西山大師) 청허 휴정(淸虛休靜 ; 1520~1604) 스님은 평안도 안주 출생으로 성은 최씨이고 아버지는 세창이며, 어머니는 김씨이다. 어머니 김씨는 노파가 찾아와 아들을 잉태하였다며 축하해 주는 태몽을 꾸고 이듬해 3월에 그를 낳았다.

어릴 적 이름은 여신이었으며, 3세 되던 해 사월 초파일날 아버지가 등불 아래 졸고 있는데, 한 노인이 나타나 "동자스님을 뵈러 왔다."고 하며 두 손으로 어린 여신을 번쩍 안아 들고 몇 마디 주문을 외우며 머리를 쓰다듬은 다음, 아이의 이름을 운학이라 하였다.

어려서 아이들과 놀 때에도 특이하게 돌을 세워 부처님이라 하고, 모래를 쌓아 올려놓고 탑이라 하며 놀았다. 9세에 어머니가 돌아가시고 이듬해에 아버지도 세상을 하직하자 안주목사 이사증을 따라 서울로 옮겨 성균관에서 3년 동안 글과 무예를 익혔다.

과거를 보았으나 뜻대로 되지 않자, 친구들과 같이 지리산의 여러 계곡과 암자를 구경하면서 기거하던 중, 당시 학덕이 높은 영관대사의 설법을 듣고 불법을 연구하기 시작하여 깊은 교리를 탐구하던 중에 깨달은 바 있어 스스로 삭발한 다음 숭인스님을 스승으로 모시고 출가하였다.

출가 후 수행에만 전념하다가 1549년 승과에 급제하였고, 지금의 총무원장격인 선교양종판사가 되었다. 1556년 선교양종판사직이 승려의 본분이 아님을 알고 자리에서 물러나 금강산, 두류산, 태백산, 오대산, 묘향산 등을 두루 돌아다니며 수행에만 전념하다가 간혹 후학을 만나면 친절히 지도하였다.

1589년에 『정감록』에 의하여 정여립이 왕위에 오른다는 유언비어를 퍼뜨리며 역모를 꾀한 사건이 일어났는데, 이 역모에 가담한 무업스님이 서산대사와 그의 제자 유정이 자신과 함께 역모에 가담하였다고 주장하여 투옥되었다. 그러나 그의 무죄가 명백하였으므로, 선조는 그를 무죄방면하면서 사죄의 뜻으로 손수 그린 그림 한 폭을 하사하기도 하였다.

1592년 임진왜란이 일어나자 선조는 평양에서 다시 의주로 피난하였다. 이때 선조는 묘향산으로 신하를 보내어 나라의 위급함을 알리고 서산대사를 불렀다. 노구를 무릅쓰고 달려온 서산대사에게 선조는 나라를 구할 수 있는 방법을 물었고, 이에 대사는,

"늙고 병들어 싸움에 나가지 못하는 승려는 절을 지키게 하면서 나라를 구할 수 있도록 부처님에게 기원토록 하고, 나머지는 내 스스로 통솔하여 전쟁터로 나아가 나라를 구하겠습니다."라고 하였다.

그리고 곧 전국에 격문을 돌려서 각처의 스님들이 나라를 지키는 일에 앞장서도록 하였다. 이에 제자 처영스님은 지리산에서 궐기하여 권율장군의 휘하에서, 사명대사 유정스님은 금강산에서 1,000여 명의 승군을 모아 평양으로 왔다. 서산대사는 1,500명의 승군을 순안 법흥사에 집결시키고 스스로 승군을 통솔하였으며, 명나라 군사와 함께 평양을 탈환하였다.

이에 선조는 그에게 팔도선교도총섭이라는 직함을 내렸으나 나이가 많음을 이유로 군직을 제자인 사명대사 유정스님에게 물려주고, 묘향산으로 돌아가 나라의 평안을 기원하다가 선조가 서울로 환도할 때 700여 명의 승군을 거느리고 개성으로 나아가 임금을 호위하여 맞이하였다.

선조가 서울로 돌아오자 그는 승군장 직책에서 물러나 묘향산으로 돌아와 열반을 준비하였다. 이때 선조는 '국일도대선사 선교도총섭 부종수교보제등계존자(國一都大禪師 禪敎都總攝 扶宗樹敎普濟登階尊者)'라는 최고의 존칭과 함께 정2품 당상관 작위를 하사하여 위급한 지경의 나라를 구한 공과 불교에 대한 크나큰 덕을 치하하였다. 여러 명산 대찰을 돌면서 수행에 전념하다가 1604년 1월 묘

향산 원적암에서 설법을 마치고 자신의 영정을 꺼내어 그 뒷면에
다음과 같은 시를 지어 적었다.

"80년 전에는 네가 나이더니 80년 후에는 내가 너로구나
(八十年前渠是我 八十年後我是渠)."

제자들에게 전하게 하고 결가부좌하여 앉은 채로 입적하였다.
세상 나이 85세, 출가하여 스님이 된 법랍 67세였다. 입적한 뒤 삼
칠일 동안 방안에서는 기이한 향기가 가득하였다고 한다. 묘향산
의 안심사, 금강산의 유점사에 부도를 세웠고, 해남의 표충사, 밀
양의 표충사, 묘향산의 수충사에서 스님의 업적을 기리는 사당을
건립하였다.

서산대사 휴정스님의 제자는 1,000여 명이나 되었고, 그 중에서
뛰어난 제자만도 70여 명을 헤아린다. 사명대사 유정스님, 편양대
사 언기스님, 소요대사 태능스님, 정관대사 일선스님 등의 네 사람
은 가장 대표적인 제자로서 서산대사 휴정스님 문하의 4대파를 이
루었다.

이처럼 스님은 나라가 어려울 때 몸소 승군의 앞장에 서서 구국
의 위대한 업적을 남겼고, 또한 그 당시에 불가에서는 교종과 선종
으로 나뉘어서 이원화되어 있는 것을 근본은 하나임을 후학들에게
일깨워 주었다.

스님의 저서로는 문집인 『청허당집』 4권, 『선교결』, 『심법요초』, 『선교석』, 『운수단』, 『선가귀감』, 『제산단의문』 등이 있다.

사명대사

사명대사(四溟大師) 유정(惟政 : 1544~1610)스님은 조선 중기의 고승으로 법명은 유정, 자는 사명당 또는 송운이다. 1544년 경남 밀양에서 태어났다. 속성은 임씨로 출가 전의 이름은 응규였다.

14살에 어머니가 세상을 뜨고, 15살에 아버지가 돌아가실 때까지 할아버지에게서 한학을 배웠다. 부모가 모두 돌아가시자 김천 직지사로 출가하여 신묵스님의 제자가 되었다.

3년 뒤 승과에 합격하자 많은 유생들과 교류하였는데, 특히 스무 살이나 연장인 박순과 다섯 살 아래인 임제와 가까이 지냈다. 그리고 당시의 재상인 노수신으로부터 유학과 시를 배웠다. 그 뒤 직지사의 주지를 지냈으며, 32세 때(1575년) 당시 선종의 으뜸사찰인

봉은사의 주지로 천거되지만, 굳이 사양하고 묘향산 보현사의 서
산대사 휴정스님을 찾아가 제자가 되었다. 이듬해 해인사에 잠시
머물다가 다시 휴정스님 곁에서 도를 닦았다. 1578년부터 팔공산,
금강산, 청량산, 태백산 등을 두루 다니면서 선을 수행했으며, 43
세 되던 해 봄 충북 옥천의 상동암에서, 무상의 도리를 크게 깨쳤
다. 그 뒤 오대산 영감사에 머물렀는데, 1589년 정여립의 역모사
건에 연루되었다는 모함을 입어 강릉부의 옥에 갇히게 되었으나,
강릉의 유생들이 무죄를 항소하여 석방되었다. 이듬해 금강산으로
들어가서 수도하던 중, 1592년에 임진왜란이 일어나자 당시 유점
사에 있으면서 인근 아홉 고을의 백성들을 구출하였다.

이때 조정의 근왕문과 스승 서산대사 휴정스님의 격문을 받고 의
승병을 모아 순안으로 가서 서산대사와 합류하였다. 그곳에서 의
승도대장이 되어 승병 2천명을 이끌고 평양성 탈환의 전초 역할을
훌륭하게 수행하였다. 1593년 1월 명나라 구원군이 주축이 되었던
평양성 탈환의 혈전에 참가하여 혁혁한 전공을 세웠고, 그해 3월
서울 근교의 삼각산, 노원평 및 우관동 전투에서도 빛나는 전공을
세웠다.

사명대사 유정스님은 임진왜란을 승리로 이끈 실제 주역이었다.
선조는 그의 전공을 포상하여 선교양종판사로 임명하였다. 그 뒤
전후 네 차례에 걸쳐 적진에 들어가서 가등청정 등과 회담을 가졌
다. 사명대사가 외교 사절로 발탁된 데에는 나름대로 이유가 있었

다. 왜병과의 기이한 두 번의 인연 때문이었다.

첫 번째는 임진왜란이 일어나던 바로 그해에 금강산에서 겪은 일이다. 그때 스님은 유점사에 있었는데, 난리가 나자 동료들과 함께 토굴로 몸을 숨겼다. 왜병은 유점사에 들어와 스님들을 고문하며 금은보화를 내놓으라고 하였다. 하지만 아무리 뒤져도 나오지 않자 절을 불태우고 스님들을 죽이려 하였다. 이때 이 소식을 들은 사명대사는 곧바로 유점사로 갔다. 당시 사명대사의 태도가 하도 당당하여 왜병들은 기가 죽어 변변히 저항할 의사마저 보이질 못했다. 일본 대장은 곧 스님께 정중히 사과하고 물러갔다. 왜장은 이때 유점사 일주문에 다음과 같은 방을 써 붙였다.

'이 절에는 도를 아는 큰 스님이 계시다. 여러 병사들은 결코 들어가지 말지니라.'

두 번째는 왜장 가등청정과의 일화이다. 가등청정이 사명대사에게 물었다.

"조선에서는 무슨 보물을 가장 귀하게 여깁니까?"

사명대사가 대답했다.

"우리 조선에는 보물이 없습니다. 있다면 바로 당신의 머리 정도이겠지요."

가등청정은 웃었지만 이 대답에 간담이 서늘해질 수밖에 없었다.

1604년 2월 오대산에서 스승 서산대사 휴정스님이 돌아가셨다는 부음을 받고 묘향산으로 가던 중 선조의 부름을 받고 일본과의 강화를 위한 사신으로 임명받는다.

이처럼 전쟁이 끝난 후에도 사명대사는 홀로 일본에 건너가 덕천가강과 담판하여 포로로 잡혀갔던 우리 동포 3,500명을 귀환시켰다. 귀국 후에 왕에게 전후의 일을 고하고 묘향산을 찾아 비로소 스승의 영전에 절을 하였다.

사명대사는 1610년 67세를 일기로 해인사 홍제암에서 대중스님들을 불러 모아 마지막 설법을 하고 결가부좌한 채 열반에 들었다.

"지·수·화·풍 사대의 가합으로 이루어진 이 몸 이제 진여의 세계로 돌아가런다. 어찌하여 수고스럽게 오가며, 허깨비의 몸을 괴롭히는가. 나는 이제 적멸의 세계로 들어가 대화에 순응하런다." 라는 임종게를 남겼고, 제자들은 다비하여 홍제암 옆에 부도와 비를 세웠다.

밀양의 표충사, 묘향산의 수충사에 제향되었으며, 저서로는 문집인 『사명당대사집』 7권과 『분충서난록』 1권 등이 있다. 시호는 자통홍제존자이다.

기화스님

유불도 삼교(三敎)가 모두 마음에 근본하였으나 유교는 마음의 자취를,
불교는 진심(眞心)을, 도교는 자취와 진심의 사이를 겸한 도이다.
나타나 볼 수 있는 것은 자취이고 오묘하여 볼 수 없는 것은 성(性)이니,
볼 수 없는 것은 그 도가 멀고 깊으며 볼 수 있는 것은 가깝고 얕은 도이므로
유교는 불교의 대각(大覺)의 경계를 함께 논할 수 없다.

함허당(涵虛堂) 득통 기화(得通己和 : 1376~1433)스님의 속성은 유씨이며, 관료인 아버지 유청과 어머니 방씨 사이에 충주에서 태어났다.

어린 시절부터 성균관에 다니면서 총명함을 떨쳤지만 21세 때 성균관 학우의 죽음을 보고 세상살이의 무상함을 깨닫고 생사의 고해에서 벗어나 열반을 찾고자 출가하였다. 또한 출가 전에 해월스님이라는 선지식으로부터 유교경전인 논어를 배웠는데, 하루는 해월스님이 책을 덮고 물었다.

"어진 사람은 천지만물을 자기 몸과 하나로 여긴다. 맹자는 어진 사람이냐?"

이 물음에

"네."

라고 대답하자 해월스님은 말했다.

"어진 사람은 천지 만물을 자기 몸과 하나로 여긴다는 말은 참으로 진리다. 그러나 맹자가 진정 어진 이라면 닭이나 개, 돼지 따위도 만물인데 어찌 그러한 가축을 잡아 먹을 수 있다고 했겠느냐?"

말문이 막혀버린 기화스님은 여러 유교 경전을 살펴보기도 하고, 선배들에게 물어도 보았지만 시원한 해답을 구할 수가 없었다. 그러다가 삼각산 승가사에 놀러갔다가 한 노스님과 대화를 나누던 중 의문이 풀렸다. 그 노스님은 기화스님에게

"불교에는 열 가지 중대한 계율이 있는데, 첫째가 '살생하지 말라' 는 계율이다."라고 말했다.

기화스님은 "이것이야말로 참으로 어진 사람이 할 짓이며 인(仁)의 도리를 깊이 체득한 말이다."라고 하면서 불교에 심취하기 시작했다.

이같은 기화스님의 초발심의 뜻과 진리에 대한 확신이 바로 그 혹독한 불교 탄압기에도 흔들림 없이 꿋꿋이 버티게 한 원동력이 되었다.

당시의 시대 상황은 불교적으로는 너무나 암울한 시대였다. 태종, 세종 대에 이르러 조정은 수만 결에 이르는 사찰 토지를 몰수하고, 10만 명에 이르는 사찰 노비를 빼앗아 버렸다. 태종은 11개

종파를 7개 종파로 통폐합하였고, 7종은 다시 선종과 교종, 즉 양종으로 합쳐 놓았다. 태종은 전국의 사찰수를 242개로 제한했는데 그나마 세종 때는 다시 36개로 줄였다. 승려신분증 제도인 도첩제를 강화하여 스님들의 도성 출입을 엄격히 제한하고 도첩이 없는 스님은 강제로 환속시켰다. 조정의 이러한 혹독한 탄압에 대하여 대부분의 스님들과 불교도는 속수무책이었다.

그러나 이러한 억눌림 속에서도 불교의 정법을 수호하고자 안간힘을 썼던 분이 기화스님이다. 기화스님은 1396년 관악산 의상암에서 출가하였다. 출가 이듬해인 1397년에 회암사로 자초 무학대사를 찾아가 법문을 들은 뒤 여러 명산을 두루 돌면서 수행에 정진하였다. 1404년 다시 회암사로 돌아와 정좌하고 수행을 시작하여 크게 깨우쳤다. 그 뒤 1406년 공덕산 대승사에 가서 4년 동안 반야경을 세 차례 설했고, 1410년에는 개성의 천마산 관음굴에서 선불교를 크게 발전시켰다. 1414년 3월에는 평산의 자모산 연봉사에 작은 방을 얻어 함허당(涵虛堂)이라 이름하고, 그곳에 머물면서 세 차례 『금강경오가해설의』를 강의하였다. 1420년에 오대산에 들어가서 오대의 여러 성인들에게 공양하고, 영감암에 있는 나옹화상의 진영에 참배한 뒤, 그 암자에서 잘 때 꿈에 어떤 신승이 나타나 이름은 기화, 호는 득통으로 지어 주니 이후 그것을 사용하였다.

1433년 4월에, "죽음에 이르러 눈을 들어보니 시방이 벽락(碧落) 하나 없는 데도 길이 있으니 서방극락이다."라는 임종게를 남기고 입적하였다. 문경 봉암사에 비석이 있고 가평 현등사에 부도가 있다.

그는 무학대사 자초스님의 법을 이은 선승임에는 틀림없으나, 스승과는 달리 교에 대한 많은 저술을 남겼고, 사상 또한 교학적인 경향을 강하게 풍기고 있다. 그의 선사상에는 현실생활과 일상적인 생활을 수용하고 포용하는 특징이 있는데, 이러한 사상적 경향은 조선 초기 유학자들이 배불을 주장하는 것을 반박하기 위한 것이었다.

또한, 그는 불교와 유교의 회통뿐 아니라 도교까지 포함한 삼교일치를 제창하였다. 이 삼교일치의 사상은 신라 말 최치원의 사상에서도 나타나지만 본격적인 것은 기화스님에 의해서 시작되었다. 그의 삼교일치론은 송나라 계숭의 주장과 비슷한 점이 있지만, 유생들의 강력한 배불론에 대항하여 호불이라는 측면에서 주장된 것이다.

그는 종단폐합과 사찰폐쇄 및 사전노비 몰수 등으로 조선 초기의 배불정책이 극에 이르렀을 때, 불교의 정법과 그 이치를 밝힘으로써 유학의 불교 비판 오류를 시정시키고자 노력하였다.

저서로는 『원각경소』 3권, 『금강경오가해설의』 2권, 『윤관』 1권, 『함허화상어록』 1권이 전하고 있다.

보우대사

하나란 둘도 아니요 셋도 아니다. 성실하고 망녕되지 않는 '그 무엇'이다.
이를테면 하늘의 섭리라고 할 수 있다.
그 섭리는 그윽하고 헤아리기 어려우며 그릇됨을 용납하지 않는다.
삼라만상이 갖추어져 있지 않음이 없으나 그 본질은 오직 '하나'이다.
올바르다는 것은 치우치거나 그릇됨이 없이 순수하고 잡스럽지 않다는 뜻이다.
인간의 마음이 바로 그것이다.

조선 불교를 부흥시킨 지도자로 허응당(虛鷹堂) 보우(普雨 ; 1515 ~1565) 대사를 꼽는다. 그러나 출가 전 보우대사의 가계에 대해서는 알려진 것이 없다. 단지 15세에 금강산 마하연 암자에서 출가하여 승려가 되었고, 그 뒤 금강산 일대의 장안사, 표훈사 등지에서 수행을 하고 학문을 닦은 것으로 전해진다.

보우대사는 석가모니 부처님처럼 6년 동안의 정진 끝에 마음을 자유롭게 할 수 있는 법력을 얻었고, 팔만대장경을 모두 섭렵하는 한편, 유학도 공부하였다. 당시 그를 지도해 준 스승은 경기도 용문사의 지행스님이었다.

그 뒤 탁월한 수행력과 불교 및 유교에 관한 뛰어난 지식을 바탕으로 유학자들과도 사귐이 많았는데, 그 중에서도 재상이었던 정만종과는 특별한 교분을 쌓았다. 정만종이 보우대사의 인품과 그 도량이 큼을 조정과 문정왕후에게 소개함에 따라, 뒷날 문정대비와 인연을 맺게 되었다.

한때 그는 함경도 함흥에 머물고 있었는데, 1548년 9월에 함흥을 떠나 호남으로 내려가는 도중 병을 얻게 되어 경기도 양주의 회암사에서 요양을 하고 있었다. 이때 문정대비로부터 봉은사의 주지로 가라는 부름을 받고, 그해 12월 15일에 부임하였다. 봉은사 주지에 취임하여 제일 먼저 문정대비로 하여금 경국대전의 법조항을 적용하여, 능침에 침입하여 난동을 부리고 물건을 훔친 유생들 중에서 가장 횡포가 심했던 황언징을 처벌하게 하였다. 또한 봉은사와 봉선사에는 방(榜)을 붙여 잡된 사람들의 출입을 금지시킴으로써 유생들의 횡포를 막게 하였다.

이러한 일은 조선시대에 들어와서 처음 있는 일로, 유생들의 심한 반발을 사게 되었고 끝내는 이 문제가 조정에까지 비화되었다. 문정대비가 이러한 조치를 한 것은 보우대사가 뒤에서 조종한 것이라 하여 1549년 9월 20일에 성균관 생원인 안사준 등은 요승 보우의 목을 베고 황언징을 풀어달라는 내용의 강력한 건의를 조정에 올렸다. 그러나 문정대비는 "이유 없이 승려들을 괴롭히고 법당에 난입하여 도둑질하는 행위를 처벌하지 않으면 뒷날의 폐단이 걱정된다."는 이유로 상소를 받아들이지 않았다.

이때부터 문정대비와 보우대사, 유생들 사이에는 치열한 암투가 전
개되었다. 봉은사와 봉선사에 붙여진 방을 계기로 하여 그 뒤 전국
의 각 사찰에는 모두 이러한 공고문이 붙여져 보호받게 되었다.

1550년 문정대비가 선교양종을 다시 부활시키라는 명을 내리게
함으로써, 다음해인 1551년 5월에는 선종과 교종이 다시 부활되었
다. 그리하여 6월 25일에는 봉은사가 선종의 본사로, 봉선사가 교
종의 본사로 지정되었고, 보우는 판선종사도대선사로 임명되었다.

같은 해 11월에 '도승시'를 실시하게 하여 전국 승려들의 도첩제
도를 다시 부활시켰다. 이 도첩제의 부활에 따라 전국의 많은 스님
들이 정전이라는 별도의 돈을 내지 않고도 도첩을 받게 되었다.
또, 1552년 4월에는 승려 과거시험을 실시하게 함으로써 연산군
대에 폐지되었던 승과제도를 부활시켰다. 선교 양종과 승과제도가
부활됨으로써 승려들의 자질이 향상되었음은 물론 서산대사 휴정
스님, 사명대사 유정스님 등과 같은 고승들이 발탁되기도 하였다.

그러나 유생들은 선교 양종과 도첩제, 승과제의 폐지를 요구하
고, 보우의 처벌을 주장하는 상소를 계속 올렸다. 그리하여 승정
원, 홍문관, 예문관, 사헌부 등에서 매일 번갈아 상소를 하였고,
좌의정이 백관을 인솔하여 계를 올리는가 하면, 성균관 학생들은
모두 종묘에 고하고 성균관을 비우기까지 하였다. 선교 양종을 부
활하라는 문정대비의 명이 내려진 뒤 6개월 사이에 상소문이 무려
423건이나 되었다. 그러나 보우는 "지금 내가 없으면 후세에 불법

이 영원히 끊어질 것이다."라는 사명감과 신념을 가지고 불법을 보호하고 종단을 소생시키는 일에 목숨을 걸었다.

각종 제도적 장치의 결과로 종단이 안정된 기반을 가지게 된 1555년 9월에 보우는 판사직과 봉은사 주지직을 사양하고, 춘천의 청평사에 머물면서 내적인 수양에 힘을 기울였다.

그러나 종단의 일각에서 자리다툼을 하게 되자, 1560년에 다시 선종판사와 봉은사 주지 직책을 맡았다. 그러던 가운데, 운부사에서 왕자의 태봉이 있는 산의 나무를 함부로 베어 사원을 증축한 일이 있게 되자 이 사건에 연루되어 판사직을 박탈당하고 봉은사를 물러나게 되었다.

그 뒤 세심정에 머물면서 수행하였고, 같은 해 12월 19일에 다시 선종판사로 임명되어 봉은사에 머물렀다. 또한, 회암사 중창 사업에 착수하여 1565년 4월에 완공하고, 그달 5일에는 낙성식을 겸한 무차대회를 개설하였다.

그 해 4월 7일에 문정대비가 승하하자, 대비의 장례를 마친 유생들은 곧바로 보우의 배척과 불교 탄압을 주장하는 상소문을 올렸다. 잇따른 상소에 명종은 보우대사의 승직을 박탈하고 서울 근교 사찰의 출입을 금지하였다. 그러나 이를 미온적인 처사라고 여기며 만족할 수 없었던 전국의 유생들은 물론 정승들까지 보우대사를 죽일 것을 건의하였다. 이때 보우대사는 한계산 설악사에 은둔하고 있었는데, 누군가의 고발로 은신처마저 떠나게 되었고, 율곡 이

이가 상소를 올려 그를 귀양 보낼 것을 주장함에 따라 명종은 보우대사를 제주도로 귀양 보냈다. 보우대사는 1565년 여름 제주도에 유배되었고, 제주목사 변협에 의하여 죽음을 당하였다.

보우대사는 억불정책 속에서 불교를 중흥시킨 순교승으로 평가받고 있다. 또한 그는 선교일체론을 주창하여 선과 교를 다른 것으로 보고 있던 당시의 불교관을 바로잡았고, 일정설을 정리하여 불교와 유교의 융합을 강조하였다.

경허선사

구한말의 암울한 시대 분위기 속에서 우뚝 솟은 봉우리이며, 근대 선풍의 중흥조로 꼽히는 스님이 경허 성우(鏡虛惺牛 ; 1849~1912)선사이다. 경허선사는 전북 전주에서 출생하고 아홉 살 때 아버지가 돌아가시자 어머니를 모시고 형과 함께 관악산 청계사에서 출가하였다.

그곳의 계허스님 밑에서 물 긷고 나무하는 일로 5년을 보냈다. 1862년 여름부터 마을의 선비에게서 한학을 배우기 시작하여 사서삼경과 기초적인 불교경론을 익혔다. 그 뒤 계룡산 동학사의 만화스님에게 불교경론을 배웠으며, 9년 동안 그는 불교뿐 아니라 유학과 도교 등의 제자백가를 모두 섭렵하였다. 1871년 동학사의 강사로 추대되었으며, 그의 문하에서 공부하는 학인은 항상 칠팔십 명을 넘었다.

1879년에 옛 스승인 계허스님을 찾아 한양으로 향하던 중 심한 폭풍우를 만나 가까운 인가에서 비를 피하려고 하였지만, 마을에 전염병이 유행하여 집집마다 문을 굳게 닫아걸고 있었다. 비를 피하지 못하고 마을 밖 큰 나무 밑에 앉아 밤새도록 죽음의 위협에 시달리고 있는데, 그 때 축 늘어진 송장을 메고 대문을 나오는 사람을 만났다. 그것을 본 순간 자신도 전염병에 걸려 죽을지도 모른다는 생각이 뇌리를 스치자 온 몸의 떨림을 떨칠 수 없었다. 경전 구절을 수없이 암송해도 죽음의 공포로부터 자유로울 수가 없었다. 생과 사가 둘이 아니라고 여태까지 느끼고 가르쳐 왔지만, 그것은 관념의 유희에 불과했다. 죽음에 직면한 자신의 모습이 너무나 초라했다. 지금까지의 모든 경전 문구가 부질없는 메아리로 들렸다. 생각이 여기에 이르자 새로운 발심을 하였다.

이튿날 동학사로 돌아와 학인들을 모두 돌려보낸 뒤 조실방에 들어가 용맹정진을 시작하였다. 창문 밑으로 주먹밥이 들어올 만큼의 구멍을 뚫어 놓고, 한 손에는 칼을 쥐고, 목 밑에는 송곳을 꽂은 널판자를 놓아 졸음이 오면 송곳에 찔리게 장치하여 잠을 자지 않고 정진하였다. 석 달째 되던 날 제자 원규스님이 동학사 밑에 살고 있던 이처사로부터 "소가 되더라도 콧구멍 없는 소가 되어야지."라는 말을 듣고 의심이 생겨 그 뜻을 물어왔다. 그 말을 듣자 모든 의심이 풀리면서 깨달음을 얻었다.

그 뒤 천장암으로 옮겨 깨달은 뒤의 수행인 보임을 하였다. 그때에도 얼굴에 탈을 만들어 쓰고, 송곳을 턱 밑에 받쳐 놓고 죽음을

무릅쓴 수행을 계속하였다. 1886년에 6년 동안의 보임공부를 끝내
고 옷과 탈바가지, 주장자 등을 모두 불태운 뒤 무애행에 나섰다.
이때부터 충청남도 일대의 개심사와 부석사를 왕래하면서 후학들
을 지도하고 교화활동을 하면서 크게 선풍을 떨쳤다.

그 당시 일상적인 안목에서 보면 파계승이요, 괴이하게 여겨질
정도의 일화를 많이 남겼다. 경허선사의 무애행 중에 유명한 한 일
화가 있다.

경허선사가 해인사 조실로 계시던 어느 날 저녁에 만신창이가 된
어느 미친 여자를 데리고 와 같이 식사를 하고 잠까지 같이 잤다.
날이 새면 여인을 보낼 줄 알았는데 웬일인지 하루, 이틀이 지나도
떠나지 아니하고 계속 스님과 함께 숙식을 같이 하는 것이었다. 그
의 제자 만공스님은 대중들이 알까 두려워 문 밖에서 혼자 지키면
서 경허선사를 뵈러 오는 사람들이 있으면 "스님께서는 지금 주무
십니다." 하고 돌려보냈다.

만공스님이 며칠 뒤 문을 열어 보니, 경허선사가 그 여자에게 팔
베개를 해주고 그녀의 몸에 다리를 걸친 채 코를 골며 주무시고 계
셨다. 자세히 살펴보니 그 여자의 모습은 손가락이 썩어서 떨어져
나갔으며 걸친 옷은 피고름과 오줌으로 쩔어 올이 보이질 않을 정
도였다. 더구나 송장 썩는 냄새 같은 악취가 풍겨 나와 코를 들 수
없을 정도였다. 문둥병에 걸린 여자였다. 자기를 버린 무애의 경지
에 들어가지 않으면 도저히 행하기 힘든 그러한 모습을 보고 만공

스님은 저절로 경허스님을 존경하게 되었다.

1894년에는 부산 범어사의 조실이 되었고, 1899년에는 합천 해인사에서 임금의 뜻에 따른 인경불사 등의 불사에 법주가 되어『해인사 수선사 방함인』과『합천군 가야산 해인사 수선사 창건기』를 집필하였다. 금릉군 청암사에서 방한암 스님을 만나서 설법하여 한암스님을 크게 깨닫게 하였으며, 1904년에는 오대산, 금강산 등을 두루 돌아 안변 석왕사에서 오백나한상의 개금불사에 증사로 참여하였다. 그해에 천장암에서 다시 만공스님을 만나 최후의 법문을 한 뒤 사찰을 떠나 갑산, 강계 등지에서 머리를 기르고 유생들이 쓰는 유관을 쓴 모습으로 살았으며, 박난주라고 개명하였다. 그곳에서 서당의 훈장이 되어 아이들을 가르치다가, 1912년 4월 25일 새벽에 임종게를 남긴 뒤 입적하였다. 나이 64세, 법랍 56세이다.

그는 생애를 통하여 선의 생활화와 일상화를 모색하였다. 산중에서 은거하는 독각선이 아니라 대중 속에서 선의 이념을 실현하려고 하였다는 점에서 선의 혁명가로 평가받고 있다. 법상에서 행한 설법뿐만 아니라 대화나 문답을 통해서도 언제나 선을 선양하였고, 문자의 표현이나 특이한 행동까지도 선으로 겨냥된 방편이요, 작용이었다. 그의 이와 같은 노력으로 우리나라의 선풍은 새로이 일어났고, 문하에도 많은 선사들이 배출되어 새로운 선원들이 많이 생겨났다. 오늘날 불교계의 선승들 중 대부분은 그의 문풍을 계승하는 제자이거나 간접적인 영향을 받은 사람들이다.

경허선사는 근대불교사에서 큰 발자취를 남긴 중흥조이다. 승려들이 선을 사기의 형식으로 기술하거나 구전되던 시대에, 선을 생활화하고 실천화한 선의 혁명가였으며, 불조의 경지를 현실에서 보여준 선의 대성자이기도 하였다. 근대 선의 물결이 그를 통하여 다시 일어나고 진작되었다는 점에서 그는 한국의 마조 선사로 평가된다.

만공선사

만공 월면(滿空月面 : 1871~1946)선사의 속명은 송도암으로, 전북 태인 출신이다.

어렸을 때 김제 금산사에서 불상을 처음 보고 크게 감동한 것이 계기가 되어 출가를 결심하였다. 그러나, 부모님은 출가를 허락하지 않았다. 집안 식구들의 감시가 소홀한 틈을 타 야반도주하여 전주 봉서사로 갔다. 다시 송광사, 쌍계사를 거쳐 1883년 공주 동학사로 출가하여 진암스님 문하에서 행자생활을 하였다. 1884년 경허스님의 지시로 서산 천장사에 가서 태허스님을 은사로, 경허선사를 계사로 삼아 사미십계를 받고 득도하였다. 그 뒤 '모든 법이 하나로 돌아가니, 그 하나는 어디로 돌아가는가(萬法歸一 一歸何處).'라는 화두를 가지고 참선에 열중하였다.

1895년 아산 봉곡사에서 새벽에 범종을 치면서 "법계의 본성을 관찰하여야 한다. 모든 것은 오직 마음이 만드는 것이다."라는 게송을 읊다가 홀연 참선의 묘미를 터득하였다.

그 뒤 공주 마곡사 토굴에서 보경스님과 함께 계속 수행하다가 경허스님으로부터 "아직 진면목에 깊이 들어가지 못하였으니 조주선사의 무자(無字) 화두를 가지고 다시 참선을 하도록 하라."는 가르침을 받고 정진하였다.

1901년 경허스님과 헤어져 양산 통도사의 백운암에 들러 며칠 머무르는 동안, 새벽에 "원컨대 이 종소리가 법계에 두루 퍼져 철벽의 어둠이 모두 밝게 하소서."라는 게송을 읊으면서 범종을 치는 소리를 듣고 크게 깨달았다. 그리하여 곧 천장사로 돌아와 법열을 즐기던 중, 1904년 함경북도 갑산으로 가던 길에 천장사에 들른 경허스님으로부터 만공이라는 법호를 받았다. 1905년 예산 덕숭산에 금선대를 지으니 참선을 하려는 수도승들이 찾아와 그 지도를 맡게 되었다.

그 뒤 3년 동안 금강산 마하연에서의 참선을 지도할 때와 1937년을 전후하여 잠시 마곡사의 주지를 맡았던 때를 제외한 대부분의 생애를 덕숭산에 머물렀다. 이곳에서 선을 지도하면서 선불교를 크게 중흥시켜 현대 한국불교계에 하나의 큰 법맥을 형성하였다. 말년에는 덕숭산 상봉 가까이에 전월사라는 초암을 짓고 생활하다가 1946년 10월 20일에 입적하였다. 나이 75세, 법랍 62세였다.

덕숭산에서 다비하여 금선대 근처에 만공탑을 세워 유골을 모셨으며, 진영은 경허선사의 진영과 함께 금선대에 봉안되어 있다.

그는 덕숭산 수덕사와 정혜사, 견성암, 서산 안면도의 간월암 등을 크게 중창하였고 1920년대 초에는 선학원 설립 운동을 하였으며, 선승들의 결사인 동시에 경제적 자립을 위한 협동조합의 성격을 지닌 '선우공제회 운동'에 지도자의 한 사람으로 참여하였다.

마곡사 주지로 있던 1937년, 당시의 조선총독 데라우치와 각도 지사가 동석한 31본산 주지회의에 참석하여 한국불교를 일본불교화하려는 총독부의 종교정책 방침에 정면으로 반대하였다. 그 반대의 요지는, 종교가 정치로부터 분리되어야 한다는 점과 한국불교가 조선총독부의 종교정책에 의하여 일본불교로 변질되어 계율이 문란해지고 한국불교의 전통과 종교적 순수성이 흔들리고 있다며 시정할 것을 강력히 주장하였다. 또한 "전 조선총독 미나미는 한국불교를 파괴시켰으므로 분명히 지옥에 떨어질 것이니, 이 미나미 총독을 우리가 지옥에서 구제하지 않으면 누가 구하겠는가."라고 하며, 데라우치 총독의 간담을 서늘하게 하였다.

1941년, 서울 선학원에서 개최한 전국 고승법회에 초대되어 설법하고 계율을 올바로 지키고 선을 진작시켜 한국불교의 바른 맥을 이어가자고 하였다. 그의 사상과 선의 지도방법은 문도들이 편찬한 '만공어록'에서 살필 수 있다. 그는 존재의 본체를 마음, 자성, 불성, 여여불, 허공, 주인공, 본래면목, 자심, 동그라미(○) 등으로 표현하였는데, 이 중 마음이라는 표현을 가장 많이 쓰고 있다. 이것은 물질과 상대되는 마음이나 심리학적인 마음이 아니라 우주와 만물의 본체를 뜻하는 마음으로, 자아의 본체와 우주의 본체를 하나로 파악하였다. 불교의 진수는 이 마음을 깨닫는 데 있고 인간의 가치 있는 삶도 이 깨달음을 성취함으로써 찾아진다고 보았다.

깨달음을 추구하는 수행자는 현상적인 차별이나 분별의 관념에서 철저히 벗어나야 하는데, 수행을 통하여 이 경지에 이르면 그 어떤 사물의 구속으로부터도 자유롭게 지혜와 자비를 활용할 수 있으며, 그가 바로 부처님이요 스승이라 하였다. 이를 위한 수행법으로는 참선을 으뜸으로 꼽았다.

이론과 사변을 철저히 배제하고 무심의 태도로 화두를 참구하는 간화선법을 채택하였고, 제자들에게는 항상 조주선사의 무자화두를 참구하도록 가르쳤다. 참선의 보조 여건으로는 선지식(스승)과 수도에 적절한 도량, 함께 수도하는 좋은 도반의 세 가지를 중시하였다. 그 중에서도 스승을 가장 중요한 조건으로 보았다. 진정한 스승은 수행자들에게 일어나는 모든 문제를 올바른 길로 인도하는 분이며, 수행자가 스승을 얼마나 신뢰하느냐에 따라 참선의 수도가 좌우된다고 가르쳤다.

또한 만공선사는 법장비구의 48대원과 지장보살의 자비의 서원이야말로 암울한 시대를 이기는 첩경이라고 하였다. 그는 이 사상을 정리하여 삼대 발원문을 지었다.

첫째, 우리는 삼세제불의 말세정법을 옹호하자.

둘째, 우리는 조종의 현풍을 유통하여 원성을 이루자.

셋째, 선풍을 진흥하여 세계문화를 개척하자.

이처럼 만공선사는 혼란한 현실 속에 정법을 수호하려는 이상을
제자들에게 일러주었다. 스님의 제자로는 보월스님, 용음스님, 고
봉스님, 서경스님, 혜암스님, 전강스님, 금오스님, 춘성스님 등과
비구니 법희스님, 만성스님, 일엽스님 등이 있다.

한암스님

　　한암 중원(漢岩重遠 : 1876~1951)스님의 속성은 방씨이며, 강원도 화천 출신이다. 아버지는 기순, 어머니는 선산 길씨이다. 천성이 영특하고 총기가 빼어났으며, 한 번 의심이 나면 풀릴 때까지 캐묻기를 그만두지 않았다. 9세에 서당에서 글을 읽다가 '태고에 천황씨(天皇氏)가 있었다.'는 첫 대목에 의심을 일으켜, 선생님에게 천황씨 이전에 누가 있었는가를 물었다. 천황씨 이전에는 반고씨가 있었다는 선생님의 대답에 만족하지 않고 그 이전에 누가 있었는가를 물었으나 답을 얻지 못하였다.

그 뒤 십여 년 동안 유학을 공부하면서 '반고씨 이전에 누가 있었는가' 하는 의문을 가지고 해답을 얻고자 하였으나 해결할 수가 없었다.

1897년 금강산을 유람하다가, 기암절벽의 하나하나가 부처님과 보살님을 닮은 것으로 느끼고 깊이 감격하여 입산수도를 결심하였다. 22세 때에 금강산 장안사의 금월선사에게서 득도하였다. 그때 진정한 나를 찾고, 부모의 은혜를 갚으며, 극락에 가겠다는 세 가지 원을 세웠다.

그 뒤 도반인 함해스님과 함께 전국의 고승을 찾아 구도의 길에 올랐다. 1899년 가을 김천 청암사 수도암에서 경허스님을 만나 가르침을 청하였다. 경허스님이 금강경 사구게를 일러주는데 갑자기 안광이 열리면서 오도하였고, 9세 때부터 가졌던 '반고씨 이전의 인물'에 대한 회의가 풀렸다. 이어 대중들 앞에서 경허스님은 한암스님이 도를 깨달았음을 인정하였다.

1905년 봄에 양산 통도사의 내원선원 조실로 추대되어 후학들을 지도하다가, 1910년 봄에 선승들을 해산시키고 평안도 맹산 우두암으로 들어가 보임공부를 계속하였다. 같은 해 겨울, 부엌에서 불을 지피다가 홀연히 크게 깨달아 마음의 자재를 얻고 오도송을 남겼다. 그 뒤부터 때와 장소를 가리지 않고 선풍을 떨쳐 교화하였다.

1925년 서울 봉은사의 조실로 있다가 "차라리 천고에 자취를 감

춘 학이 될지언정 춘삼월에 말 잘하는 앵무새를 배우지 않겠노라."
는 말을 남기고 강원도 오대산으로 들어가서 27년 동안 동구 밖을
나오지 않았다.

한 때 일본 조동종의 승려 사토는 우리나라 불교계를 돌아본 뒤
마지막으로 오대산 상원사를 찾아 그와 함께 선문답을 나눈 뒤 크
게 감명을 받고, 어느 강연회에서 "한암스님은 일본 천지에서도 볼
수 없는 도인임은 물론 세계적으로도 둘도 없는 인물"이라고 평가
하였다. 이후 일본 저명인사들은 다투어 그를 만나보기를 희망하
였다.

1941년 조계종이 출범하였을 때 초대 종정으로 추대되어 4년 동
안 조계종을 이끌었다. 1951년 1·4후퇴 직전, 인민군들이 사찰을
근거지로 하여 국군에게 많은 타격을 준다는 판단 아래 오대산 안
의 모든 사찰을 소각시켰으나, 상원사만은 불에 타지 않았다.

심야에 대원들을 이끌고 상원사로 와서 절을 불태울 것을 알리는
장교에게 그는 잠깐 기다리도록 이르고 가사와 장삼을 갈아입은 뒤
법당으로 들어가 가부좌하고 불을 질러도 좋다고 하였다. 장교가
나올 것을 종용하자,

"나는 부처님의 제자다. 부처님은 이런 경우 이렇게 하라고 말
씀하셨다. 당신은 장군의 부하다. 그러니 당신은 장군의 명령대로
어서 불을 질러라."

고 하였다. 장교는 그의 인격에 압도되어 결단을 내리고, 부하들

에게 법당의 문짝만을 떼어 불사르게 한 뒤 돌아갔다. 1·4후퇴 때
에도 오대산의 모든 승려가 피난하였으나, 그는 혼자 남아서 상원
사를 지켰다.

　1951년 좌선의 자세로 입적한 스님은 나이는 76세, 법랍은 54세
였다. 제자로는 보문스님, 난암스님, 탄허스님 등이 있으며, 1959
년 3월에 문도들이 상원사에 부도와 비석을 세웠다.

글쓴이 소개

김형중 ｜ 동국대학교사범대학부속고등학교 교법사

박영동 ｜ 동국대학교사범대학부속여자고등학교 교법사

우인보 ｜ 동국대학교사범대학부속중학교 교법사

대자유인 선사(禪師)

초판 1쇄 발행 ｜ 2005년 3월 21일

글쓴이 ｜ 김형중, 박영동, 우인보
펴낸이 ｜ 김도영

펴낸곳 ｜ 조계종출판사
등록번호 ｜ 제1-1865호
등록일자 ｜ 1995년 4월 1일

주소 ｜ 서울특별시 종로구 견지동 45번지
전화 ｜ 02-2011-1880～1
팩스 ｜ 02-720-6019
E-mail ｜ inyeon@buddhism.com

편집 ｜ 문종남, 양수정
인쇄 ｜ 한영문화사

ⓒ 대한불교조계종 전국교법사단, 2005
ISBN 89-86821-34-6　03150

값 7,000원

* 잘못된 도서는 교환해 드립니다.